青年礼仪

QINGNIAN LIYI

青年人，请你走好从校园到职场的每一步

唐婷婷　编

河海大学出版社
HOHAI UNIVERSITY PRESS
·南京·

图书在版编目（CIP）数据

青年礼仪 ： 青年人，请你走好从校园到职场的每一步 / 唐婷婷编. -- 南京 ： 河海大学出版社， 2022.5

ISBN 978-7-5630-7483-9

Ⅰ. ①青… Ⅱ. ①唐… Ⅲ. ①礼仪－青年读物 Ⅳ. ①K891.26-49

中国版本图书馆CIP数据核字(2022)第038130号

书　　名 / **青年礼仪：青年人，请你走好从校园到职场的每一步**

QINGNIAN LIYI:QINGNIANREN,QING NI ZOU HAO CONG XIAOYUAN DAO ZHICHANG DE MEI YI BU

书　　号 / ISBN 978-7-5630-7483-9

责任编辑 / 毛积孝

特约编辑 / 唐辉萍

特约校对 / 李　萍

装帧设计 / 刘昌凤

出版发行 / 河海大学出版社

地　　址 / 南京市西康路1号（邮编：210098）

电　　话 /（025）83737852（总编室）

/（025）83722833（营销部）

经　　销 / 全国新华书店

印　　刷 / 三河市元兴印务有限公司

开　　本 / 660毫米×960毫米　1/16

印　　张 / 16

字　　数 / 222千字

版　　次 / 2022年5月第1版

印　　次 / 2022年5月第1次印刷

定　　价 / 59.80元

前言

礼仪是青年人从学校步入社会的必修课

当今社会，人们越来越注重礼仪。良好的礼仪和文明的作风，能够体现出一个人的修养、风度和魅力，帮助人们营造良好的人脉关系，建立坚实的人际关系基础。良好的礼仪在个人的家庭幸福感、职场发展、社会交际等方面起着非常重要的作用。

在不同的环境中，我们会扮演不同的角色。立足于社会，我们是一名公民，是社会的一分子；立足于学校，我们是学习知识的学生；立足于职场，我们是员工，是事业的建设者；立足于家庭，我们是父母或者儿女。随着环境的转换，我们的社会角色也在不断变换着。在生活、工作、家庭以及其他场合中，我们需要不断学习各种礼仪知识，运用在生活和工作的每个细节中，来展现自己的素质修养。

青年人从学校毕业进入职场时，会面临各种各样的困惑，无所适从。如应该如何找工作，如何面试，如何与同事相处等等，都会让初入社会的年轻人感到困惑。从学生转变为一个职场人之后，如何与人交谈最得体，怎样的坐姿最适当，礼仪上的失误会对事业产生影响。因此，青年人初入职场，学习并运用社交礼仪是非常必要的。

文明礼仪是每一个青年人的名片，每一个人的穿着打扮、举手投足、言谈举止，都能间接体现出自我内在的精神风貌、道德品质和文明修养，都在很大程度上决定着职场的作为与事业的成就。因此，“讲文明，懂礼仪”，是每一个青年人要不断学习和努力才能逐步完善的事情，这样才能更好地融入社会、融入职场、融入生活，为自己创造完美的事业和生活，为公众营造良好的社会风气。

《论语》中有这样一句话：“不学礼，无以立。”意思是讲，一个不讲究礼仪的人，是没有立足之地的。所以，当青年人告别学生时代，成为一个社会人以及职场人，要想成就事业，先要学会文明做人，依礼做事。

目录

第一章 青年人仪容仪表与举止礼仪

第二章

青年人求职与面试的礼仪

目录

目录

第三章

青年人的语言沟通礼仪

第四章

青年人在职场中的办公和工作礼仪

目录

目录

第五章 青年人在职场的通信礼仪

第六章

青年人与同事相处的礼仪

目录

第七章

青年人与上司交往的礼仪

目录

第八章

青年人与下属交往的礼仪

目录

第九章 组织与参加工作会议的礼仪

目录

第一章

青年人仪容仪表与举止礼仪

01

青年人应如何看待仪容美？

仪容，是指人的外观、外貌，主要表现为容貌。它是由发式、面容以及所有未被服饰遮掩而暴露在外的肌肤构成的。人们所说的仪容美，其基本要素是貌美、发美、肌肤美，主要要求整洁干净。美好的仪容能让人感觉到其五官构成彼此和谐并富于表情；整洁的头发、美观的发型使其健康明朗、容光焕发；肌肤健美使其充满生命的活力，给人以健康自然、鲜明和谐、富有个性的深刻印象。

俗话说："爱美之心，人皆有之。"在人际交往中，个人的仪容会引起对方的特别关注，并将影响到对方对你的整体评价。好的仪容令人赏心悦目，能够获得他人良好的第一印象。青年人进入职场后，你的面貌可以透射出你的精神状态，甚至是你的工作状态。

如果说在个人的仪表问题之中，仪容是重中之重，那么，仪容礼仪则是步入职场的青年人实现成功的必修课。青年人应该如何让自己的仪容焕发出美的生机呢？这要从三个方面来努力。

◇ 仪容自然美

仪容自然美是指仪容的先天条件好，天生丽质。

尽管以相貌取人不合情理，但如"清水出芙蓉，天然去雕饰"，在与人交往时，自然美好的仪容相貌容易令对方舒适愉快。因此，青年人要善于保养自己先天美好的仪容，让自己光彩照人。

◇ 仪容修饰美

仪容修饰美是指依照规范与个人条件，对仪容实行必要的修饰，扬其长，避其短，设计、塑造出美好的个人形象，在人际交往中尽量令自己显得有备而来。

青年人为了维护自我形象，有必要修饰仪容，要达到仪容干净、整洁、卫生、简约、端庄五点要求。

◇ 仪容内在美

仪容内在美是指个人通过努力学习，不断提高自身的文化艺术素养和思想道德水准，培养出高雅的气质与美好的心灵，使自己秀外慧中，表里如一。

仪容内在美强调的是个人的内在修为。每个人的仪容是天生的，长相如何不是至关重要的，关键在于心灵。从心理学上讲，每一个人都应该接纳自己，接纳别人。

在上述三者之间，仪容的自然美是人们的心愿，仪容的修饰美则是仪容礼仪关注的重点，而仪容的内在美是最高的境界。真正意义上的仪容美，应当是上述三个方面的高度统一。忽略其中任何一个方面，都会使仪容美失之偏颇。

青年人的仪容美还体现在全身协调、角色协调和场合协调上。全身协调即脸部与发型、服饰相协调，力求取得完美的整体效果。角色协调即针对自己在工作或社交中扮演的不同角色，对仪容进行不同的妆扮。场合协调即仪容、发型要与所去的场合气氛要求一致。

02

青年女性应该如何化妆？

很多女生从学校步入社会后，会面临着学习化妆的问题。得体的妆容也是青年人气质修养的一种外部表现。

◇ 面部化妆的一般原则

面部化妆的一般原则有如下几点。

①扬长避短。化妆本意是为了让人更美更有活力，所以在化妆时要遵循扬长避短的原则，找出面部最富魅力的部位，刻意加以美化，对有缺陷的地方，则加以掩盖或削弱，这样可以起到化妆的最佳效果。

②化妆的浓淡要视时间、场合而定。化妆的浓淡并不是随意的，而是要根据不同的时间和场合来选择。我们要将白天与晚上的化妆、一般场合和特殊场合的化妆、不同季节的化妆区别对待，不要一概而论。

③不同年龄采用不同的化妆技巧。化妆的目的是增加个人的容貌美，而容貌美中最珍贵的是“自然青春美”，因此年轻人要十分珍惜这段转瞬即逝的青春时光，延长青春容貌的保持时间。具体到化妆上，平时应在注意保持肌肤清洁的基础上，多采用护肤用品，使皮肤免受烈日、暴风、有害气体等各种不良因素的影响。在平时，女士均应以淡妆为宜；在参加正式会议或宴会、舞会等社交活动时，则应根据不同的时间和场合，化不同

的妆，以示自己对活动的重视。此外，职场男士也应根据自己的脸型、年龄及气质，稍微修整眉型和发型，同时应保持皮肤的清洁，使用一些合适的护肤品。

④选择合适的化妆品。化妆品的种类很多，不一定都适用，要根据自己皮肤的类型选择质地细腻、颜色适中的品种。

03

青年人要如何护发与美发？

头发位于人体的“制高点”，在人的仪表中占有举足轻重的地位。因此，修饰仪容要从头发做起。

头发整洁、发型大方是个人礼仪对发式美的基本要求。整洁大方的发式易给人留下神清气爽的印象，披头散发则会给人以萎靡不振的感觉。无论男女，只要他（她）所选的发式与自己的脸型、肤色、体形相匹配，与自己的气质、职业、身份相吻合，就是合适的发式。决定发式美的许多因素是个人无法随意改变的，但通过选择不同的发式，我们可以充分展现自己美的部分，从而起到扬长避短的作用。

我们不应忘了发式美只是仪表美的一部分，它应该与人的面貌美、服饰美协调统一。

◇ 洁发第一位

头发一定要清洁。选用质量好的洗发水，发质特殊的，可以选用护发素。

◇ 烫发要适当

我们天生的又黑又直的头发，有一种独特的美。大家都知道，烫发水是由化学药品做成的，质量再好的烫发水对于头发都会有一定的损害。烫发之前，你可以先做一个试验：拿根头发，拉一拉，看有没有弹性。要是一拉就断了，说明你的头发比较脆弱，不宜烫发。洗完头发后，最好不要使用吹风机来吹头发，而是让自然风来吹干头发。

◇ 剪发是首选

如果你想保护发质，又想使头发漂亮，最好的方法是剪发而不是烫发。自然、生动才是人们所追求的效果。理发师对头发进行修剪，能使头发富有层次感，显得丰满，还能使头发长得更好。

◇ 染发要慎重

目前，美发行业里，染发比较流行。染发可以掩盖白发，但要选择适合自己的发色。

此外还要注意染发剂的质量，一定要选择正规厂商生产的质量好的染发剂，否则对身体造成不良影响就得不偿失了。

◇ 脸型与发型要匹配

选择发型应扬长避短，与脸型相搭配。

长形脸：可充分利用刘海，使脸的长度观感弱化。头发不能堆高在头顶，以免增加脸的长度。

梨形脸：要尽量用头发盖住脸下端突出的部分。

方形脸：头发一般不要剪得太短，也不要剪太平直或中分的发型，这样会使脸显得更方。

选择合适的发型是一门学问，同样的发型，两个不同脸型的人并不是都适合，我们应该按照自身的条件去选择。

◇ 根据性别选择发型

①男青年发型。男青年首先要注意头发的清洁。出汗较多时，更要及时清洗，保持头发清洁、无异味。

头发的最佳长度是：前不遮眼，侧不过耳，后不及衣领（美发行业、艺术工作者等彰显个性而留长发的除外）。所以，一般一个月左右就要理一次发。

具体的发型应根据脸型、发质及个人爱好来综合考虑，使之既对自己的形象有提升作用，又便于打理。对于发质较“倔”的职场男士，还要考虑发型会不会使部分头发翘起来，会不会总要麻烦地打啫喱来“约束”头发。

②女青年发型。女青年在发型方面有很多选择。基本要求是：工作场合不烫夸张、另类发式；即使染发，也不染过于艳丽的颜色，可以染成和黑色接近的颜色，如棕色、栗色等。

工作场合规范的发型是盘发、短发、束发，齐肩发也可以。无论是哪种发式，刘海都不要遮挡眼睛，还要确保不要因为发型而在工作的时候经常用手拢头发。窗口岗位、接待岗位则不宜散发披肩。工作场合采用盘发或束发时，发饰要选择与头发颜色相协调的颜色，款式简单、大方。发箍、卡通发饰等不宜在工作场合使用。

盘发。面容瘦削，盘发的时候可以用斜梳的刘海来平衡。颧骨不高，盘的时候可以使刘海稍宽点。鹅蛋脸，盘的时候刘海部分向右上方蓬松收起后用夹子别好，露出额头，配合低低的发髻或自然垂落的耳发。

短发。一般把头发简单地别在耳后，刘海斜着梳，不要厚重，这是百搭发型。圆脸或方脸，可以把短发微卷，并将中分的刘海弯曲而自然地顺到两颊前。鹅蛋脸、椭圆形脸或长形脸，头发微卷的话，可以把发丝打散，从视觉上起到增加发量、增厚刘海的作用。肩膀宽厚的女员工，不适合留短发。

束发。束发的时候，可以从侧面束。觉得头发不够有动感，可以在扎头发之前用卷发棒把头发卷成波浪，然后用手自然顺直，扎低马尾，在后脑的位置随意拽出蓬松形状。也可以把前额头发做中分处理，把所有的头发都顺直梳理好向后束起，并使耳部头发有一些弧度。

齐肩发。可以把发尾向外或向内微微翻卷，同时前额头发按 4 ：6 的比例分缝，这是百搭发型。

中发。中发也能打造出柔美感觉。把前额的头发做出弧度后别在额头一侧，盖住部分额头，其他地方用卷发棒或电吹风做卷发处理，使整体发型都有蓬松感。这种发型比较适合长脸形的女员工。

长发。自然披肩长发，发尾如果能形成波浪造型，不仅能修饰脸型，也能达到视觉减肥的效果。相对来说，身材偏矮的女员工不宜留长发，最长不宜超过内衣肩线。

两颊较宽的女员工，卷发的时候，不宜从脸颊开始卷。

04

青年人着装有哪些基本原则？

得体的穿着，不仅可以使人显得更加出众，还可以体现出一个现代文明人良好的修养和独到的品位。初入职场的青年人，必须掌握职业着装的一些基本原则。这些原则要求人们在选择服装、考虑其具体款式时，应兼顾时间、地点、目的，力求着装及其具体款式与着装的时间、地点、目的协调一致，做到和谐般配。

着装基本原则包括时间原则、地点原则、目的性原则和场合原则。

◇ 时间原则

时间原则指的是着装要考虑时代的变化、四季的变化和一天中不同时间段的变化，冬天选择保暖的冬装，夏天选择清凉的夏装。工作着装以庄重大方为原则。如果有安排社交活动或公关活动，则应以典雅端庄为基本着装格调。晚间的宴请、舞会、音乐会等正式社交活动，着装以晚礼服为宜，以打造高雅大方的礼仪形象。

不同时段的着装规则对女士尤其重要。白天工作时，女士应穿着正式套装，以体现专业性；晚上出席鸡尾酒会就须多加一些修饰，如换一双高跟鞋，戴上有光泽的佩饰，围一条漂亮的丝巾；服装的选择还要适合季节气候特点，保持与潮流大势同步。

◇ 地点原则

地点原则指的是服饰打扮要与场所、地点、环境相适应。在不同的地点，着装的款式也应有所不同，即特定的环境应配以与之相适应、相协调的服饰，以获得视觉与心理上的和谐感。

青年人在工作单位，服饰应当合乎本单位、本部门的规范，做到正规、干净、整洁、文明。如把运动衣、牛仔服、拖鞋穿进办公室和社交场合，都是与环境不相符的。在自己家里接待客人，可以穿舒适但整洁的休闲服；如果是去公司或单位拜访，穿职业套装会显得专业；外出时要顾及当地的传统和风俗习惯，如去教堂或寺庙等场所，不能穿过露或过短的服装。

◇ 目的性原则

目的性原则指的是服饰打扮要考虑此行的目的。着装应符合自己的社会角色，因为服饰是一种特殊意义的交际语言，能够传达特定的信息。

◇ 场合原则

场合原则强调的是着装要与场合协调。比如与顾客会谈、参加正式会议等，衣着应庄重考究；听音乐会或看芭蕾舞，则应按惯例着正装；出席正式宴会时，则应穿中国的传统旗袍或西方的长裙晚礼服；而在朋友聚会、郊游等场合，着装应轻便舒适。试想一下，如果大家都穿便装，你却穿礼服就有欠轻松；同样的，如果以便装出席正式宴会，不但是对宴会主人的不尊重，也会令自己颇觉尴尬。

服饰不仅表现自我形象，而且也是一种文化价值观的显现，特别是在涉外交往中，服装、饰品则为一个民族的生活方式和精神面貌的折射。因此，要根据不同的交际目的和具体的交际对象来选择不同的服装。

05

青年人佩戴饰品有哪些讲究？

饰品种类繁多，大致有戒指、耳环、项链、手镯、手链、脚链、胸针等等。饰品的材质也是多种多样，矿物质类如宝石、玉石、钻石、水晶、玛瑙等；非矿物质类如珍珠、珊瑚、琥珀等；仿制品如玻璃制品、人造珍珠、镀金、镀银等。

饰品佩戴是服饰礼仪的重要组成部分。恰当的饰品佩戴不仅让一个人的穿着打扮有画龙点睛之效，还能传播一定的信息，具有一定的象征意义。饰物与服装的搭配是一个整体，恰当的搭配能让你更添几分魅力。

对于材质不同种类繁多的饰品佩戴，青年人应该掌握以下一些原则。

◇ 考虑季节因素

佩戴饰品要根据季节的不同而选择相宜的饰品。夏季以佩戴色彩鲜艳的工艺品为优，演绎浪漫夏日风情；冬季则以佩戴金银珍珠及玉石饰品为佳，显现优雅庄重。

◇ 考虑场合因素

不同的场合应该佩戴不同的饰品。一般来说，在比较正式的场合，应选用档次较高的饰品。职场青年人应追求传统经典，而不能过于鲜艳新潮。

传统而做工精细的优质饰品是青年人最稳妥的选择。如参加宴会或者舞会，可以佩戴材质较好较大而且炫目的胸针，达到让人惊艳的效果；工作的时候可以佩戴一些小巧精致的胸针；休闲在家可根据个人喜好选择适合自己的项链、耳环等。

◇ 考虑与服装的协调性

服装与饰品二者的和谐统一，是职场人员饰品佩戴的最高境界。一般领口较低的服装必须搭配项链。穿工作服或者运动服的时候可以不戴首饰，穿工作服的时候不能戴有坠子的耳环。

◇ 考虑自身的体型因素

脖子粗短者，应戴长一些的项链，避免多串式样；体型较瘦者应戴多串式样项链；脸型较大和戴眼镜的女士，应避免选择佩戴大的耳环和圆形耳环。

◇ 符合年龄身份

年轻女士佩戴饰品的选择面相对较宽，时尚的工艺饰品更能突出个性；年纪较大的女士可佩戴一些较为贵重精致的饰品，突出庄重典雅。

注意色彩的搭配。佩戴的饰品原则上要求同一色系，如果同时佩戴两件或两件以上饰品，应保持主色调的一致性。切忌五彩斑斓，让人眼花缭乱。

◇ 力求简洁

佩戴的饰品要力求完整，主题突出，切忌同时佩戴过多的饰品。如果佩戴饰品过于繁杂，就会给人留下杂乱无章的感觉，整个人也会显得俗气不堪。

饰品的佩戴应根据以上原则，选择最合适的饰品，让服装与饰品，服装与服装，饰品与饰品三者之间在款式、材料和色泽上达到成功的配套，为仪容仪表的美感达到画龙点睛之效果。各种饰品与发型、脸型、肤色、年龄、环境达到协调，就会有更好的效果。

06

青年人如何保持良好的举止礼仪？

作为青年人，在学习举止礼仪时，所努力追求的目标是要使自己在任何场合都力争做到举止得体、适度，并保持一定的风度。举止得体，是要求人们的一切举止动作，都要合乎体统，符合身份，适应场合，并且能够恰如其分地借以传达出个人意愿。有专家认为：在人际交往中，约有 80% 以上的信息是借助于举止这种无声的“第二语言”来转达的，有声有息的语言所转达的信息不超过 20%。由此可见，举止得体是何等重要。举止适度，是要求青年人的举止动作尽可能地符合礼仪规范标准，使之适时、适事、适宜。保持风度，则是要求青年人的举止动作端庄、稳重。

◇ 举止规范，动作合规

青年人的举止动作必须遵循规则。这是要求青年人在这方面必须严格地依照社会上约定俗成的习惯做法“照章办事”，尽力使自己的所作所为合乎规矩，有例可依，而不允许另搞一套。

青年人在日常工作中举止动作不仅要庄重典雅，使人尊敬，而且还要表现得有规可循，合乎礼仪，让人觉得和蔼可亲。要做到这一点，青年人的举止动作就必须合乎规则。

◇ 举止得体，适应场合

举止符合身份、适应场合、顺应情景，就是得体。青年人的举止，代表工作单位的形象，有时甚至是代表国家、民族、地区的形象，要有很强的角色意识，一举一动，必须符合身份。不同的场合，不同的对象和环境，举止要求不一样。庄严肃穆的场合要求举止庄重，轻松欢乐的场合则可以活泼一些。

◇ 举止好看，动作美观

青年人的举止动作必须美观。这是要求青年人应当努力使自己的举止动作看起来具有美感。

爱美是人类的天性。因此，在力所能及的情况之下，青年人应当有意识地使自己的举止动作显得美观。在我国，关于人们的举止动作，就有“坐如钟，立如松，行如风”“头容正，肩容平，胸容宽，背容直”“颜色宜和、宜静、宜庄”等一系列的具体要求。其出发点，就是举止动作、神色表情皆应具有美感。

以站立的姿态为例，全身直立，抬头、挺胸、收腹，双腿并拢、双脚微分、双肩平直、双手搭在小腹之前、双目平视前方，有令人赏心悦目之感。

◇ 举止大方，动作洒脱

青年人的举止动作必须大方。青年人的举止动作要洒脱大气，不要显得拘束，给人以不够开放、眼界不高、没见过世面的感觉。

例如，当青年人与他人交流沟通时，不论对方是生人或熟人、同性或异性、长辈或晚辈、上司或部下，注视着对方的眼睛是对对方的尊重。心理学实验证明：当两人相处时，一方以自己的双眼注视对方双眼的时间，只有超过了双方相处的总时间的 1/3，才会使对方感受其全神贯注和对对方的重视。

在与他人相处时，始终不敢正视他人，或是眼神闪避，会给人以不自信、不够大方之感；从另外一个角度，也可以被理解为目中无人，或者心怀鬼胎。不管怎么讲，不正视他人是不得体的举止。

在举止动作上表现得落落大方，是内心充实、视野开阔的传神写照，它能够自然而然地表现出青年人的丰富阅历以及自信心，有助于使自己获得他人由衷的尊敬。

◇ 举止敬人，敬重对方

青年人的举止动作必须敬人。这是指青年人的举止动作并非单方面的行为，它还与青年人对待他人的看法与态度有关。通过观察青年人的举止动作，大体上就能够了解其对交往对象敬重与否。

在会晤或洽谈中，不管情绪有何变化，青年人不能盯视或斜视自己的交往对象，不能用自己右手的食指反复指向对方的身体，这些动作有侮辱或挑衅之嫌。特别要记住：谈话时不要“指点”别人的脸面。

与别人交谈时，不论情绪多么激动，讲话时都不要高声呐喊，特别是要避免唾液纷飞。

青年人的举止要体现文明礼貌，遵守公共秩序，讲究公共卫生。别人谈话时，尊重他人，安心听讲。不做一些不雅的动作，注意公共场合的禁忌。优待职场女性，主动给女士让座、让道。女士站立、下蹲、就座时不叉开双腿。

◇ 举止优雅，具有品位

这是举止的最高境界。举止优雅是精神境界、文化品位、道德修养的综合体现。要求人的举止在符合一般规范的基础上，追求高尚脱俗，美观雅致，坐立行走、神态表情显示出优雅大方，不同凡响。

07

握手时应注意哪些礼仪细节？

握手行为在人类社会中起源较早。据说原始人表示友好时，首先会亮出自己的手掌，并让对方摸一摸，表示自己手中没有武器。后来逐渐演化，成为现在的握手礼。

握手礼作为一种见面、离别、祝贺或致谢的礼节流行于许多社交场合，是一种不可或缺的交往礼节。比如老同学、老朋友见面握手表示亲热，初次见面握手表示欢迎等。恰当的握手礼能够给人留下深刻的印象。

那么，怎样握手才是恰当的呢？握手礼包括握手的次序、握手的方式和说握手语这样几个方面的内容。

◇ 握手的次序

两人见面被介绍之后，谁先伸手握手，是对人的尊敬问题。握手的一般次序是：

①年龄较大、身份较高的人先伸手。年龄较小，身份较低的人不宜先伸手，而要等对方伸出手后，立即上前回握。

②女方首先伸手。男女之间，当女方伸出手后，男方再伸手轻轻地握。如果女方不伸手，或无握手之意，男方可点头示意或鞠躬，不要贸然伸手。

③主人首先伸手。主人与客人之间，主人有先伸手的义务。当客人到

来时，不管客人的身份如何，性别如何，主人应首先伸出手表示欢迎。若是等客人伸手，则显得主人有怠慢之感。但无论是谁先伸出手，对方都应该毫不迟疑地回握，以避免一方一直伸着手，无所适从。

◇ 握手的方式

伸出右手，四指并拢，拇指伸开，掌心向内，手的高度大致与对方腰部上方齐平。同时，上身略微前倾，注视着对方，面带微笑。不可一边握手，一边左顾右盼。

如果两人比较熟悉且感情比较激动时，握手的力度可以大些，握手时间可以长些，并可双手加握。若对方是长辈或上司，则用力应稍小。与晚辈或下级握手可适当用力，只需象征性地轻轻一握即可。但无论对方是谁，都不可被动地让对方握，自己毫无反应，这样会给人一种应付的感觉。

男性不可戴着手套与他人握手，这是礼貌性的问题，当对方伸出手后，应迅速脱去手套上前相握。职场女性可戴着薄手套同他人相握，这不算失礼。

不要用湿手、脏手同他人握手。若你正在干活，对方热情地伸出手来，你可以一面点头致意，一面亮出双手，简单说明情况并表示歉意，以取得对方的谅解，同时赶紧洗好手，热情接待。

◇ 常见的握手语

在握手时，常伴有一定的问话，称为握手语。常见的握手语包括问候型、祝贺型、关心型等。

问候型：这是最常见的一种握手语。一般的接待关系可用这种形式。如：“你好！”“最近怎么样？”“工作还那么忙吗？还在那个单位吧？”等。

祝贺型：当对方有突出成绩，受到表彰或遇到喜事，在接待时可用这种形式。如“恭喜你！”“祝贺你！”等。

关心型：这种形式特别适用于长辈对晚辈，上司对下级或主人对客人等。如“辛苦了！”“一路很累吧？”“天热吧？”等。

欢迎型：第一次来的客人或公务接待，均可用欢迎语。如“欢迎光临！”“欢迎你！”等。

致歉型：自己有地方做得不对或表示客气时可用此类握手语。如“照顾不周，请多包涵！”“未能远迎，请原谅！”等。

祝福型：送客时多用此握手语。如“祝你一路顺风！”“祝你好运！”等。

◇ 职场握手的禁忌

在行握手礼时，应努力做到合乎规范，避开下述失礼的行为。

不要在握手时戴着手套或墨镜，只有女士在社交场合戴着薄纱手套握手，才是被允许的；

不要在握手时另外一只手插在衣袋里或拿着东西；

不要面无表情、不置一词，也不要长篇大论、点头哈腰，过分客套；

不要在握手时仅仅握住对方的手指尖，好像有意与对方保持距离。正确的做法，是要握住整个手掌。即使对异性，也要这么做；

不要把对方的手拉过来推过去，或者上下左右不停地抖动；

不要拒绝和别人握手，即使有手疾或汗湿、污脏，也要和对方说一下“对不起，我的手现在不方便”，以免造成不必要的误会。

08

如何通过微笑缩短与他人的心理距离？

微笑是一种令人感觉愉快的面部表情，它可以缩短人与人之间的心理距离，为深入沟通与交往创造温馨和谐的氛围。在社交场合，我们都喜欢遇到一张张热情真诚的笑脸。它是人际交往中最美丽的语言，微笑是社交礼仪中的亮点。

微笑作为社会交际中的重要方式，它的作用可以概括为以下几个方面。

◇ 微笑可以给对方良好的第一印象

一些心理学家研究表明，初次交往留给对方的印象，往往是非常强烈、鲜明的，并对以后的交往产生重要影响。因为初交是在互不了解的背景下进行的，对方的言谈话语、举止行动、仪表相貌等对自己的大脑记忆屏幕来说都是新的信息，对感观的刺激较强烈，留下的印象也就特别清晰而深刻。美国林纳特·苏宁博士在《最初四分钟接触：人际关系的奥秘》一书中说："人们何时决定结交新的朋友呢？在他们相聚的最初四分钟之内。"可见，人际交往中第一印象是多么重要了，而微笑就能给对方留下非常好的印象。

◇ 微笑可以产生融洽的交际气氛

"严肃使人拘谨，愤怒使人气恼，佯笑给人虚伪印象，冷笑给人以奸诈之疑，至于捧腹大笑又有失身份，唯有微笑恰到好处。”笑是有感染作用的，如果一屋人都在大笑，即使其中有一个人不想笑也会受感染，不禁笑出声来。如果人人脸上带着微笑，就会使置身其中的人感到愉悦、融洽、平和。微笑能够使人们心灵相通、相近、相亲，产生净化情绪气氛的作用。

◇ 微笑是对人谦和尊重的表示

一个懂礼貌的人，总是将微笑挂在脸上，使人感到亲切、愉快。微笑还充满了自信和力量，能驱散他人阴郁、沮丧、恐惧、苦恼等不良情绪。正确运用微笑，还能表现自己的谦虚随和，表现对对方的尊重。

中国向来以“礼仪之邦”著称于世，“微笑外交”是国际友人对我们一再肯定的交往方式，也有人称为“东方式的微笑”。

◇ 微笑是打破僵局的手段

微笑，实际上是一种社交手段，谈生意、办事情，不管对方语气如何咄咄逼人，甚至遭到严词拒绝，只要脸上带着微笑，就不会引起“面红耳赤”或“暴跳如雷”的结果。这种微笑，并无攻击对方之意，却有助于缓和矛盾的激化。因此在交往中，微笑可以增进情谊，可以“化敌为友”。

可见，微笑是一门学问，又是一门艺术，随着人际交往的频繁，微笑越来越少不了。当然微笑应是发自内心的轻松友善的微笑，要自然、美好、真诚，切忌虚假造作的微笑。

那么，通过什么样的训练，才能让身在职场的你获得微笑这一有效沟通的法宝和人际关系的磁石呢？心理专家告诉你如下步骤。

第一步，放松面部肌肉，然后使嘴角微微向上翘起，让嘴唇略呈弧形。最后，在不牵动鼻子、不发出笑声、不露出牙齿，尤其是不露出牙龈的前提下，轻轻一笑。

第二步，闭上眼睛，调动感情，并发挥想象力，或回忆美好的过去，或展望美好的未来，使微笑源自内心，有感而发。

第三步，对着镜子练习，使眉、眼、面部肌肉、口形在微笑时和谐统一。

第四步，当众练习。按照要求当众练习，使微笑规范、自然、大方，克服羞涩和胆怯的心理，也可以请观众评议后再对不足进行纠正。

当你掌握了微笑的方法后，还要注意要正确地微笑，具体地要做到以下几点。

◇ 把握微笑的时机

在与对方交谈中，最好的微笑时机是在与对方目光接触的瞬间展现微笑，这样能够促进心灵的友好互动。

◇ 把握微笑的层次变化

微笑有很多层次，有浅浅一笑，眼中含笑，也有哈哈大笑。在整个交谈过程中，微笑要有收有放，在不同时候使用不同的笑。如果一直保持同一层次的笑，表情会显得僵硬、呆板。

◇ 注意微笑维持的时间长度

微笑的最佳时长以不超过 3 秒钟为宜，时间过长会给人假笑或不礼貌的感觉，过短则会给人皮笑肉不笑的感觉。

◇ 根据场合而定微笑的尺度

微笑的表情很有讲究，不同的场合适合不同深度的微笑。不同的笑，也可以显示着不同的思想态度和感情色彩，产生不同的影响。

在与别人交谈中，放声大笑或傻笑，都是非常失礼的，工作中要把握好微笑的尺度，更能显示你的内在修养。

◇ 避免“习惯性微笑”带来的伤害

微笑的好处数不胜数，但由于职业性质和职场礼仪的要求，一些青年人要在白天的大多数时间都面带微笑，这使得他们养成了一种面对外人的“习惯性微笑表情”。这种表情并不能消除工作、生活等各方面带给他们的压力、烦恼、忧愁。这些“习惯性微笑”的患者，微笑过后是更深刻的孤独和寂寞，他们的行为具有表演性质，与他们的情感体验缺乏内在的一致性，而难以表现其“真我”的一面，因为表面的微笑反而会加重他们内心的痛苦。

解决“习惯性微笑”的方法在于及时地释放过大的压力。方式是多种多样的，如和家人一起外出度假，就可以很好地舒缓长期工作所累积的压力。再者要积极地调节自己的身心状态，比如现在健身场所流行的瑜伽和普拉提健身操就是很好的解压方式，青年人可以尝试一下，效果也许会不错。

09

青年人应避免哪些不雅的行为举止?

一个人的行为举止是其个人素质最具体的表现。人在职场，应该从严要求自己，从细微之处着手，彻底摒弃自己身上的不雅行为。要想做到这一点，我们就必须了解职场行为规范并且以此严格要求自己，任何不讲究服饰打扮、哗众取宠、不拘小节等不文明、不礼貌的行为都是应该摒弃的。

什么是职场不雅行为呢？职场不雅行为一般有以下几种表现。

其一，在工作场合大声喧哗，如大声说笑、旁若无人地高声接打电话等。在工作场合大声说笑、吵闹，接打电话用高于 60 分贝的声音，是干扰正常工作环境的表现，会令旁人心生反感，从而对自己有不好的印象。

其二，随地吐痰，随手乱扔垃圾，是有失遵守公共道德的一种表现。

其三，和别人谈话时打喷嚏，或当众剔牙、打嗝、掏耳朵、擤鼻涕，都是一种极不文明的行为。

其四，边吃东西边接打电话，嘴里有食物时与人交谈，这会让对方感觉自己不被重视、不受尊重，从而对你心生不满。

其五，与人谈话不注意保持距离、与对方有肢体接触、眼睛不看对方、手中玩弄物品。和异性谈话尤其要注意保持适当的距离，不要和对方有任何肢体上的接触。女士不注意这一点，会让人感觉举止轻浮、不稳重；男士则有骚扰对方的嫌疑。和对方交谈，应该注视对方的眼睛，眼神不集中或者手里玩弄物品时与人交谈，也是不尊重对方的表现。

其六，在公共场合站立或就座时晃动身躯，双腿分开的距离过大、交叉，或者来回晃动双腿，都是不雅观的。

其七，没有整理好衣物就从卫生间出来，当众提裤子、拉裙子；不注意保持卫生间的卫生，手纸随手乱扔等都是不雅行为，会让人感觉你缺乏教养。

其八，心安理得地接受别人的帮助，不表示感谢。别人给了自己帮助，在接受的同时表示感谢，是一种礼貌，也是对别人付出所应该给予的尊重。

其九，接到电话来访，不等别人说完就挂断电话。有电话来访，应该耐心地听对方讲完，能给予帮助的尽量给予帮助；不能给予帮助的，要表示抱歉，并等对方先挂断电话。

以上九种行为皆属不雅行为，都是应该摒弃的。摒弃不雅行为，让自己的个人形象得到有效提升，会让你有一个更加精彩的人生。

第二章

青年人求职与面试的礼仪

10

如何正确评价自我，选定职业方向？

一个人在求职择业以前，必须要对自己有一个全面的认识，作出正确的自我评价。不但要清楚自己想干什么，更要弄明白自己能够干些什么，要清楚自己的兴趣爱好、气质特点、性格特征、基本素质、专业知识、技术能力等。

◇择业者应从如下五个方面入手认识与评价自己

①基本素质

基本素质包括在逻辑思维、抽象思维、记忆力、想象力、观察力、反应速度等方面的素质和能力。例如，有经济头脑、反应快的人，可能从事外贸、进出口业务；逻辑思维能力与抽象思维能力强的人可能从事计算机软件开发；等等。

②专业知识

专业知识是一个人在择业中比其他非专业人员更具竞争力的一个主要因素。专业知识通常包括基础理论知识、专业技术技能、灵活运用理论知识的能力等。毕业生可以通过学习成绩来认识自己对基础理论知识的掌握程度；通过实验仪器的使用、机器的操作及其他生产实习来认识自己对专业技术技能的掌握程度；通过毕业设计或论文完成的情况来评估自己灵活运用本专业基础理论知识的能力。

③技术能力

技术能力主要包括专业技术能力、操作使用计算机的能力、外语会话和阅读能力等。此外，还包括动手能力、实践能力、协调能力等。

④性格特征

性格特征也与职业选择具有很大的关系。不同性格的人适合从事不同类型的职业。择业者应该根据自己的性格特征来选择合适的工作。

⑤兴趣爱好

兴趣爱好是一个人工作事业取得成功的重要条件。研究表明，对自己所从事的工作有兴趣，就能发挥全部才能的 80%~90%，并能长时间保持高效率而不感到疲劳。因此，择业者应对自己的兴趣爱好有一个全面的、深入的了解。

◇选择职业方向必须要审时度势，需要遵循如下原则

一是是否顺应国家发展趋势的原则。应当清醒地认识到，今天的热门专业，明天可能就要饱和了；今天的不发达地区，明天也许就将成为我国经济建设的主战场。要用发展的眼光、长远的观点来指导自己进行择业。

二是单位是否有利于自己发展的原则。个人的成长与发展离不开所处的环境。有较好的领导班子、较高素质的职工、较好的学习条件以及良好的人际关系的单位才是择业的首选。

三是区域是否适合自己的原则。眼光不能只盯在特区、大城市、发达地区，要根据自己的实际情况，做出切合自身实际的选择。

11

—

如何写好简历？

很多求职者，无论是第一次找工作，或者已有多年工作经验，会觉得最困难的莫过于如何准备一份具有吸引力的简历及在面试时能有突出表现。

不少人学历、经验都不错，但在准备简历时却漫不经心，以为不过一份介绍自己的资料而已，于是在填写时粗心大意，错漏百出，导致在初审时即被刷下来。他们不知道简历是求职者通向面试的第一步。简历的目的就是使招聘单位对你产生兴趣，它的功能恰似人们常说的“文如其人”。用人单位在面试求职者本人之前，仅靠阅读简历来了解求职者的专业、学历、工作经历、家庭情况、性格、职业目标等。一份成功的简历，往往可以抓住用人单位的注意力，使其从字里行间看到求职者的才华和成就，事业心和责任感。但一位同样优秀的人才，也许会因为一份糟糕的简历失去让用人单位在面试中进一步了解自己的机会。

◇ 简历的内容

为了获得理想的求职效果，不同的求职者会撰写出不同风格和形式的简历。但在简历所包含的内容方面，人们几乎取得了共识。一份完整的简历一般包括如下项目：个人资料、求职目标、任职资格、学历、工作经历、专长与成就、学术论著、专业技能、推荐人等。就特定的个人简历而言，到底应列哪些项目，应视求职者个人实际情况及简历用途酌情选用。

①个人资料。包括姓名、出生年月、性别、籍贯、身高、体重、健康状况、婚姻状况、业余爱好、通信地址及联络电话等。

②求职目标及任职资格。求职目标用于表达求职者的愿望（目的与动机），写明想要申请的职位。求职目标的表述应力求简明。

任职资格是要写清求职者应聘此岗位的优势和专长，让用人单位对求职者的学历、专业、工作经验、能力等任职资格有一个概括性的了解。为避免内容重复，任职资格的内容亦可从略。

③学历。应按简历的次序写清所读学校、科系、专业、学习年限和相关证书，以及学过什么课程、获得过何种奖励和奖学金，参加过哪些课程或技能竞赛及其名次等。有些人只写最高学历，对曾接受的其他非学历教育忽略不填。其实，与你所求岗位有关的非学历教育，如外语、计算机和其他专业培训，也是用人单位甄选人员时非常重要的考虑因素。学历的编排顺序因呈送对象不同而有所不同，如对国内的企事业单位应按中国人的习惯，由远而近，由低到高；如对外企则相反，应由近及远，由高到低，即近学历、高学历先写。对刚刚走向社会的年轻人来说，学历的叙述倍加重要。

④工作经历。工作经历是对从前工作的记录，是简历的主体部分。除了学历和年龄，用人单位尤其是外商独资、中外合资企业非常注重求职者的工作经历。这一部分的基本内容包括工作单位名称、工作起止时间、所任职务及业绩等。对于刚毕业的大学生来说，虽无工作经历，但可写上兼职、实习的经历，如有社会工作经验和参与课外活动的也可将自己担任过的职务或组织参与的活动写上。尽管这些活动或经验可能是短期的、不成熟的，但可以不同程度地反映一个人的某些特性，如志趣、合群性、组织能力、协调能力、领导能力、成熟度等。这正是用人单位或领导观察的重点。填

写工作经历的时序同学历时序一样，依中外不同习惯而有所不同。

⑤专长与成就。专长是专业范围内最突出最擅长的强项。专长不仅指求职者所学的专业，还应包括你在工作、生活及因个人兴趣发展而来的能力。在你所具有的各种专长中，与你应聘岗位相关的专长尤为重要。填写成就时，一要实事求是，二要具体、定量，如获得过国际性、全国性或省部级奖励，参加过重大科研项目并做出贡献等。

⑥语言能力。语言能力在应聘过程中至少表现在三个环节上，一是简历填写，二是对自己外语水平的准确评价，三是面试过程中驾驭语言的能力。有些人过于看重外语能力而忽略了中文表达能力。其实除特殊情况外，大学英语四级水平基本上已能满足用人单位对外语的一般要求；而驾驭中文的能力则是无止境的，如你具有这方面的强项，就定能弥补其他方面的不足。

为便于招聘单位目测，求职者应精心挑选一张清晰标准的近期照片附上，因为照片可以看出一个人的气质。

◇ 简历的写作技巧

编写简历，没有千篇一律的规律，求职者可根据自己的求职目标、招聘单位的条件和要求以及自己的强项和弱项等不同情况，注意有的放矢，展现优势，同时兼顾简洁扼要、合体适用等几个问题。在编写时，同样也要注意一些事项：

①从对方的角度考虑。求职者撰写简历的目的，就是让你潜在的雇主或招聘单位了解你，进而聘用你。因此，作为一名求职者，应从自己的兴趣志向转到你未来雇主或招聘单位的立场需求上，以你的长处来迎合、满足你未来雇主或招聘单位的需要，使他们看到你的价值，即“能为他们做什么？”这就要求在编写简历时，应针对对方的要求，以简洁、概括的文字表述出对方希望了解的内容，而不是向他传递你的兴趣志向，刚从学校

毕业的求职者尤要注意。

②文字简明，主题突出。求职者编写简历时，切记要重点突出与所申请职位相关的经验与技能。对于毕业生而言，由于没有工作经验，简历的重点应放在学业成绩，以及参与过的课外活动、实习经历上。如打算应聘文秘类工作，则要突出与该类工作相关的所学课程、专业技能以及强调能胜任该类工作的相关经验。早已涉足社会的求职者，应加强工作实绩和经验的重点描述，把自己过去的工作成绩量化、具体化，不用在学业成绩上多费笔墨。为了使文字简明，主题突出，凡与主题无直接关系、且对方不需要了解的内容，一概省略。

③措辞得体，适度表意。简历与求职信一样，属于应用文体，措辞表意有习惯要求，行文时不应违背这些要求，而应力求得体适度。

简历用词应尽可能精练，应尽可能使用短语表意，以使简历短小精悍，通俗易懂。

行文要让事实说话，避免使用抽象、空洞的措辞，应以客观的态度，具体的事实以及准确的数据说话，使阅读者不仅了解每句话的字面含义，而且能悟出言外之意，进而了解求职者所取得的成就及相应的能力与专长。

行文应排除那些带有强烈色彩的修饰语、带有个人看法的字眼及强调语，而选用具体、明确的动词性短语、名词性短语和形容词短语。用具体明确的细节表述实情，可使求职者显得平实、谦虚和自信。行文时既不要用第三人称，也不要用第一人称，最好是省略主语，或使主语隐含于句子之中，使用主语隐化的句子可以避免自夸之嫌，使语句显得活泼、轻快。

④格式恰当，篇幅适宜。求职者可根据自身情况，选择最能体现自身优势、最适合自己的格式。

简历篇幅以一页 A4 纸为宜，即使经历丰富，也不能超过两页（小册子式简历除外）。编写简历时，要根据寄送简历的目的，结合对方的要求，精心筛选和编排有关内容。与寄送该简历的目的无关的内容，以及与对方的要求无联系的内容，一律删除；有关和有联系的内容，要分清主次，去粗取精；行文时要字斟句酌，惜墨如金，使整个简历的篇幅精简、浓缩，达到适宜的程度。

⑤精心编排打印。美观大方的简历会给阅读者愉悦的感觉，因此，求职者还须对写好的简历进行必要的加工，对它进行编排打印。简历的排版打印要精心设计，四周留出足够的空白，显得有空间美。每行之间要有一定的空间便于人们阅读。

各项目的名称应使用较粗、较大的字体与字号，以便同正文有所区别。切忌简历中出现跳字、文字高低不平、用改正液涂改等现象。切忌将多次复印模糊不清的求职信和简历四处散发，容易给人造成“求职专业户”的印象。更不能把手写的《大学毕业生推荐表》复印散发。简历初稿完成后，可请专业人员提供改进意见和建议，然后定稿，校对无误后复印以供应用。

12

常见的互联网求职平台有哪些？

随着互联网技术的广泛应用，网络求职广泛兴起，并成为用人单位和求职者的共同选择。

随着我国劳动力市场体系的逐步完善，以及互联网技术在劳动力信息管理中的应用，各劳动力市场正在由分散走向统一，实现劳动力信息资源的共享。办公自动化、服务规范化、交流有序化、信息覆盖全面化，正在成为我国各级劳动职业介绍服务机构发展的趋势。求职者通过网上求职平台，即可享受到方便、快捷的网上求职服务，这也是目前最普遍、最快捷的求职方式。

目前常见的网上求职平台大抵可以分为以下几类：

①各地人事考试网。各地人事考试网主要针对机关、事业单位等单位发布招聘信息，基本需要通过考试的方式招聘人才。

②高校就业信息网。各大高校一般都有就业指导中心，企业可以通过高校的就业信息网站发布招聘信息，这类招聘信息经过了学校就业指导中心的审核，其可信度大都比较高。

③企业官方招聘网站。如今规模比较大的企业一般都有自己的官网，并在官网发布招聘信息。需要求职的年轻人可以搜索自己心仪的企业官网，查找适合自己的岗位。

④第三方求职平台。现今市场上有很多不同形式的招聘和求职平台，其中不乏一些影响力较大的招聘平台，这些平台逐渐成为当今年轻人求职的主流渠道。其优点是信息全，分类全面、科学，入驻企业多等，缺点是审核不够严格，导致存在一些虚假招聘信息。

求职者登录求职平台后，需要填写个人信息和简历，包括姓名、年龄、性别、学历、专业特色、求职意向、要求和联系方式等内容。有的还需上传有关的学历证明、身份证、职称证明等与求职相关的证明材料。

填写好这些信息后，求职者便可以在招聘网站查找适合自己的岗位，并提交简历，等待用人单位的回复。

需要注意的是，求职者在求职期间一定要保持电话畅通，以便及时接听用人单位的电话。

13

如何通过打电话求职？

电话求职，一般是求职人员与自己感兴趣的公司或单位的人事部门通话，或看了招聘广告之后，根据其刊登的电话号码和联系人姓名，询问招聘的有关事宜和细节。

在求职过程中，电话自荐起着敲门砖的作用。怎样利用电话接通后那短暂的几分钟，用最简洁明了的语言清楚地表达自己的意思，充分展示自己的优势，尽可能给受话人留下一个深刻清晰的印象，这就涉及一些电话礼仪和电话自荐的技巧问题，应该注意以下几点。

◇ 打电话之前，一定要做好充分的准备工作

①电话内容准备。首先，求职者要尽量收集了解用人单位的有关情况，包括单位的全称、性质、隶属关系、主要业务范围、用人计划、人才需求方向，等等。只有在此基础上，才能对如何包装自己做到心中有数。其次，求职者要对自己有一个客观、公正的认识，包括自己的专业特长、性格爱好等方面。最后，求职者要根据用人单位的需求情况，结合自己的特点，对自己的谈话内容有一个全面的考虑。求职者最好在打电话之前列出一份简单的提纲，然后按照拟定的提纲全面、条理、重点突出地介绍自己的有关情况，力争给受话人留下深刻的印象。

②心理准备。求职者在打电话之前要调整好自己的心态，不能过于紧张。要努力控制好自己在打电话过程中的语音、语调、语速，保证在介绍情况时不遗漏，全面完整地表达自己。要推销自己，就要努力控制自己的一些不良情绪，保持良好的心理状态，让受话者能在与你交谈的过程中感受到你的朝气和锐气，以及积极向上、有礼有节的良好品质。

◇ 树立良好的电话形象

在打求职电话时，求职者应彬彬有礼、思维敏捷，吐词清楚，词达意准，力争给招聘单位以良好的第一印象。为此，在打电话求职时，求职者应把握打电话的四个要领，树立良好的“电话形象”。

①通话时间的选择。求职者应根据受话人的工作时间、生活习惯选好打电话的时间。比如，白天宜在早晨 8 点以后，节假日应在 9 点以后，晚间则应在 22 点以前，以免受话人不在或打扰受话人及家人的休息。给单位打电话时，应避开刚上班或快下班两个时间。

②通话要点的准备。在电话中应该说些什么，一次电话该打多久，打电话前应有“腹稿”，如怕遗漏，求职者可拟出通话要点，理顺说话的顺序，备齐与通话内容有关的资料。电话拨通后，求职者应先向对方问一声“您好！”接着问：“您是 ×× 单位吗？”得到明确答复后，求职者再报自己的姓名身份和意图。求职者要用简短的话语描述自己的技能和特长，扼要地介绍自己的经验，并询问对方是否需要“我这样的员工”。求职者打电话的时间宜短不宜长，每次通话一般以 3~5 分钟为宜。

③通话的方式。通话开始时，求职者不仅要坚持用“您好”开头，“请”字在中，“谢谢”收尾，更重要的是控制语气语调。因为电话只闻其声不见其人（可视电话除外），双方的声音是一个重要的社交因素，声音往往代表自己或单位的形象。因此，在通话时要态度和蔼，声调温和而富有表

现力，语言简洁，口齿清晰。

④倾听电话的方式。求职者通话时应认真聆听对方的问话和要求，重要内容还要边听边记。求职者在通话中，还应礼貌地呼应对方，适度地使用附和帮腔语，不时地“嗯”“哦”一两声，或说“是”“好”之类的话语，让对方感到你是在认真倾听，不要默不作声，不要轻易打断对方的谈话。在尚未告知受话人“再见”的情况下，求职者不宜先挂断电话。

电话求职也要讲究技巧。求职者电话接通之后的第一件事应该是有礼貌地询问：“请问，这是 × × 单位人事处吗？”在得到对方肯定的答复之后，求职者应该作自我介绍，并说明来电意图。因电话交流条件的限制，通话双方不是面对面的交流，而且可能受话人接电话之时正忙于处理某件事务，无暇多谈。因此，求职者一定要注意言简意赅，并着力表现自身特长与所求职位密切相关。

14

面试时要“试”哪些内容？

面试，就是当面考试，在较短的时间内，应试者通过自己的综合表现获得面试考官给出的一个量化的分数。面试是通过当面交谈对应试者进行考核的一种方式。它不仅能考察择业者的专业水平，还可以观察其口才和应变能力等。面试是对应试者的多方面素质进行综合测评，重点测试应试者以下内容。

◇ 表达能力和应变能力

看应聘者是否能将自己的思想、观点、意见和建议顺畅地用语言表达出来，包括逻辑性、准确性、感染力等，对于突发问题的反应是否机智敏捷、回答恰当，对于意外事项的处理是否恰当等。

◇ 求职动机

了解应试者为何希望来本单位工作，对哪类工作最感兴趣，在工作中追求什么，判断本单位所能提供的职位和工作条件能否满足其工作要求和期望。

◇ 工作态度

一是要了解应试者对过去学习、工作的态度；二是要了解应试者对现报考职位的态度。在过去学习或工作中态度不认真，对做什么、做好做坏无所谓的人，在新的工作岗位也难做到勤勤恳恳、认真负责。

◇ 仪表风度

了解面试者的体型、外貌、气色、衣着、举止、精神状态等。研究表明，仪表端庄、衣着整洁、举止文明的人，一般做事有规律、注意自我约束、责任心强。

◇ 专业知识

了解面试者对专业知识的掌握程度是否符合所要录用职位的要求，所提问题更接近空缺岗位对专业知识的需求。

◇ 工作实践经验

面试考官一般根据查阅应试者个人简历所了解的情况，对有关背景及过去的工作情况进行提问，以补充、证实其所具有的实践经验。

◇ 人际交往能力

在面试中，通过询问应试者经常参与哪些社会活动，希望同哪些类型的人打交道，在各种社交场合所扮演的角色，可以了解应试者的人际交往倾向和与人相处的技巧。

15

面试的着装应该注意哪些问题？

面试着装的总体要求是端庄、朴素、得体。

一般来说，面试考官评判面试者的服装的标准是：协调中显示着人的气质与风度的档次；稳重中表达着人的可信赖程度；独特中言说着人的个性。

◇ 女求职者的面试着装

女性在面试时，衣着应以简单、端庄的套装为主，下身搭配长裤或短裙均可，色彩亦以端庄、大方为首要考量。“准”职场人士初期可买两套对比色系的套装，搭配不同单品混穿做视觉上的变化。若是对色彩搭配没有深入了解，建议“准”职场人士不妨先从黑色、白色两个基本色调着手。

如果面试的是设计、创意等方面的工作，建议穿着不妨大胆一点，包括明亮对比色的使用以及较具流行感、个性化的饰品配件等。

◇ 男求职者的面试着装

很多男性求职者并不知道，招聘者对衣着的观察尤其细致，如穿一件花衬衣和一双五颜六色的袜子去面试，有失庄重得体。虽然西服、领带显得有点严肃，但还是最适宜的着装。

参加面试的第一步，就是挑一套好西装。选购一套合适的西装，可以说是职场人士的必修学分。

西装不同于一般服饰，不但价位较高，衣服的质感和布料更是非常重要，下面提供一些选购西装的诀窍供读者参考。

①买西服一定要试穿。一套西服合不合身，穿在身上质感好不好，一定要试了才知道。光用目测是会有很大误差的。同时特别提醒大家在试穿西服的时候有几个重点是一定要注意的，包括整套衣服的线条是否显得平顺、胸前的部分不能有凹线、在手臂与肩膀的缝合处有无皱褶、领子会不会太小，特别是后颈背的部分一般人常常会给忽略了；还有肩膀两侧，如果穿起来太小活动会很不方便，太大的话则会流于松垮而显得很没精神。

②选择深色西装，适用不同场合。西装的颜色应该选择黑、深蓝、深灰等深色系。深色系的西装在各种场合都适用，只需在衬衫、领带上花一些巧思做搭配，就可以穿出不同的效果。例如在较正式的场合可以选择与西装同色系的浅色衬衫做搭配，加上对比色的领带做变化。如果想要穿出比较休闲的味道，外套可以不扣扣子，里面加上一件休闲衬衫，或是圆领、V 领线衫。这种穿着适合作休闲时的打扮，如果去面试的是关于行销企划方面的创意工作，也适用这种打扮。

③勿忘鞋子。鞋子很重要。在许多招聘者的眼里，鞋子可以反映出一个人的个性。如果皮鞋鞋面磨损，会被看作是不注意整洁和不拘小节的人；皮鞋过于新潮，会被认为喜欢引人注目，对求职于需要显得庄重的工作岗位不适合。此外，袜子的颜色要和皮鞋的颜色搭配，而不是与西服相配。

此外，无论面试者是女性还是男性，建议都不要佩戴很粗的项链，手腕不要戴除手表以外的任何饰物。

16

—

面试时如何做到仪表整洁、仪态端庄？

◇ 修饰仪表

对于求职者来讲，修饰仪表最重要的是四个字：干净整洁。首先，头发要整齐，不能杂乱；其次，头发要保持干净，看上去不油腻，闻起来无异味；最后，头发的长度应适中，以大方得体为主。当然，应聘艺术岗位另当别论。

女士应聘者参加面试可适当化妆。略施粉黛，会让人显得更精神、更亮丽，要自然协调，充分体现出职场女性美好的形象。求职应聘，妆容应以简洁、大方、亲切、自然为宜。化妆越淡雅、越自然越好，切不可浓妆艳抹或者另类前卫。

同样，应聘者的发式也会影响总体形象。职场男士要洗净头发、刮净胡须，整理好发型，不要留长发；女士可留披肩长发，但要梳理整齐。无论留什么发型，都要大方得体。指甲要修剪整齐，甲垢要清除干净。

在现代社会，具有较高审美情趣、懂得如何修饰自己的人比那些不善于修饰自己的人有更多的求职机会。

◇ 注意仪态

注意仪态可以用四个字加以概括，那就是自然大方。畏畏缩缩容易给人一种没见识的感觉。此外，在面试时要充分注意细节，比如看考官时，要均匀扫动，不能只看一位，并且距离不同，看人的部位也应该不一样；离考官 3 米左右眼光要柔和，眼光停留时间也不可过长。

进入面试室前要轻轻敲门，等到室内传来回应声才能进入，切忌贸然入内。进入面试室，要等对方说完“请坐”后，方可入座，并说声“谢谢”（就座时，既不要坐满椅子，也不要只坐边缘，坐椅子的 2/3 为最佳），然后徐徐向面试人点头致意，静候询问的开始。不到万不得已，不背朝考官。进场时，反手关门；退场时，要侧朝考官。

面试时，坐姿要端正，双脚放在自己的座位下。不可任意伸直，切忌跷二郎腿并不停抖动。两臂不要交叉在胸前，更不能把手放在邻座的椅背上。

交谈时，姿态要端正、自然、放松。结束时，跟各位考官道声“再见！”，还可说一句“谢谢各位给我这个面试的机会”。眼睛轮流正视每一位考官，表示自己的自信。

有两种坐姿不可取：一是紧贴着椅背坐，显得太放松；二是只坐在椅边，显得太紧张。这两种坐法，都不利于面试的进行。求职者要表现出精力和热忱，松懈的姿势会让人感到你疲惫不堪或漫不经心。

17

—

参加面试时应该什么时候到？

参加面试时要特别注意守时，一般要提前到达，不要迟到，以表示求职的诚意，给对方以信任感。

守时是职业道德的基本要求，在面试时迟到或是匆匆忙忙赶到是不符合职场礼仪要求的。如果面试迟到，不管什么理由，会被视为缺乏自我管理和约束能力，即缺乏职业能力，给面试者留下非常不好的印象。这是一个对他人、对自己尊重的问题，面试往往会一次安排很多人，迟到几分钟，就很可能永远与这个职位失之交臂，这是面试的第一道题。

求职者提前 10~15 分钟到达面试地点效果最佳，可熟悉一下环境，稳定一下心神。求职者能否迅速适应面试环境，将直接影响在面试中正常水平的发挥，为此有必要对可能面临的面试环境有更加全面、准确的预测，不要把面试环境事先就在脑子里规定好，而是要根据现实场景随机应变，迅速适应现实存在的面试环境。

如果你提前到达面试地点，在面试室等候时，不要来回走动显得浮躁不安，也不要与别的面试者聊天。更要坚决避免的是：在接待室恰巧遇到朋友或熟人，就旁若无人地大声说话或笑闹、吃口香糖、抽烟等。

18

面试中如何做到自然大方，克服紧张？

目前职场求职竞争非常激烈，求职者通过竞争谋求职业，成功的关键在于自己的才能以及临场发挥情况。要想获得择业的成功，没有充分的心理准备，没有良好的竞技状态是不行的。

有的求职者心理素质比较差，或担心自己能力不够，或担心面试发挥不好而不被录用，心里七上八下，无法将自己优秀的一面展示出来。所以，做好心理准备至关重要。

◇ 建立自信

自信是求职者在面试时必备的心理素质，也是面试成功的先决条件。求职者在面试时畏缩胆怯、缺乏自信，无疑会降低面试成功的几率。当然，面临重要的场合，求职者难免会紧张。知己知彼，可以帮助你克服紧张情绪，增加自信。

①在面试前了解招聘单位、应聘岗位的现状，以便在面试时就可迅速地进入状态，有针对性地展示自己的所长。

②准备随时回答有关自己的问题，主试者往往以询问求职者的有关情况作为面试的切入点，准备一个简短的自我介绍腹稿是必要的，以便将自己较完整地介绍给对方。

③对面试的进程进行一定的预测。例如，预测自己是否是这个职位的有力竞争者，面试成功的把握有多大，调整好情绪，克服怯场心理，使自己具有饱满的精神状态，力争取得面试的最佳效果。

◇ 要有不怕失败的平常心

作为求职者，要充分重视求职，同时又要怀着一颗平常心，将就业中的挫折视作人生必需的磨砺。这样，求职者在面试中就不会过多地计较得失，不会因为突如其来的情形而不知所措，能及时调整好自己的心态。

◇ 不卑不亢，不讨好考官

面试中，不要让主考官明显地意识到，你在试图讨好他。面试是一种特殊的人际互动模式。人际交往的合理原则是，既要顾及他人的需要，也要考虑自身的需要。自高自大令人生厌，自轻自贱令人可怜。这就是在面试中，唯唯诺诺的人不被看重的原因所在：如果面试者代表个人向面试官让步，那么，他也会代表单位向其他团体让步。面试官倾向选择自信的面试者，固然可能是被这样的人吸引，但更主要的则是面试官代表面试单位信任了他。

◇ 克服面试紧张的办法

为了克服面试中的紧张心理，求职者可以采取以下一些方法。

①进入考场，见到主考官时，不妨有意大声地说几句有礼貌的话，做到先声夺人，紧张的心情就会自然消失。

②当出现紧张的局面时，不妨自嘲一下，说出自己的感受，可使自己变得轻松些。

③感到压力大时，不妨借助间隙去发现招聘者的诸如服饰、言语、体

态方面的不妥处，借以提高自己的心理优势，这样就会在自觉不自觉间提升自信，回答问题时也就自如多了。

④当与对方的谈话出现间隔时，不要急不可耐，给自己留下思考的空间，抓紧理清头绪，让对方感觉到你是一个沉着冷静的人。

⑤回答问题时一旦紧张，说话可能结结巴巴或越说越快，紧张也会加剧。此时，最好的办法就是有意放慢自己的说话速度，慢慢地、清晰地吐字，速度放慢了，心情也不紧张了。也可加重语尾发音，说得缓慢响亮，用以缓解紧张。

19

面试时应如何自我介绍？

自我介绍是面试实战非常关键的一步，因为众所周知的“首因效应”的影响，这2~3分钟的自我介绍，将是求职者所有工作成绩与为人处世的总结，也是求职者接下来面试的基调，考官将基于求职者的材料与介绍进行提问。

有的求职者自我介绍过于平常，只说姓名、年龄、爱好、工作经验，而这些在简历上都有。其实，用人单位最希望知道的是求职者能否胜任工作，包括最强的技能、最深入研究的知识领域、个性中最积极的部分、做过的成功的事，主要的成就等，要突出积极的个性和做事的能力，说得合情合理才让人信服。

考官要求求职者进行自我介绍有几层含义：一是通过自我介绍，可以基本了解求职者的口头表达、沟通等能力；二是考官可以基本判断求职者是否了解该职位的要求，就像我们所知道的，求职者的自我介绍要与他们的职位需求相契合，如果不清楚未来工作的主要方向，求职者自我描述时往往就是在表述他们不感兴趣的东西；三是他们可以通过这个来判断求职者是否诚实，求职者有可能会在简历或者应聘表上做手脚，但临场的口头表述往往更趋真实性。

自我介绍是很好的表现机会，应把握以下几个要点：第一，要突出个人的优点和特长，并要有相当的可信度。第二，要展示个性，使个人形象鲜明，可以适当引用别人的言论，如老师、朋友等的评论来支持自己的描述；第三，坚持以事实说话，少用虚词、感叹词之类；第四，要符合常规，介绍的内容和层次应合理、有序地展开。要注意语言逻辑，介绍时应层次分明、重点突出，使自己的优势很自然地逐步显露；第五，尽量不要用简称、方言、土语和口头语，以免对方难以听懂。当不能回答某一问题时，应如实告诉对方，含糊其词或胡吹乱侃会导致面试的失败。

求职者要善于发挥自己的优势。每个人都有各自的优势和不足，面试中争取主动、扬长避短，可以达到出奇制胜的效果。这样，不仅可以引起考官的好感，而且容易实现心理平衡，消除紧张情绪。

20

面试中要讲究哪些谈吐技巧？

面试时，应聘者的言语、动作必须一致，容貌端庄，举止有序，动作合乎标准，但如果没有优雅的谈吐来配合，应聘者的面试成功几率会大大降低。主试人从应聘者的谈吐中，不仅可以看出一个人的道德修养，也可以看出他的基本素质和业务水平，并可能由此决定是否录用该应聘者。因此，应聘者应适度地掌握面试的交谈技巧，这对于求职的成功是颇有益处的。

◇ 仔细聆听面试考官的讲话

面试既是考核，也是招聘单位与应聘者双方的对话、交流。应聘者只有听清楚了面试考官的讲话，才能有的放矢地作出相应的回答。如果谈话时心不在焉，听而不闻，问而不答，答非所问，那么，面试的结果是可想而知的。许多初次求职的应聘者面试时往往忽视了这一点，过多地把自己的注意力集中在给考官留下一个美好的印象上，而着重于表面的仪表、姿态和举止，却不注意聆听考官的讲话，不是漏听，就是听不清楚，以致把握不住话题，显得十分被动。有的求职者还不时地要求考官重复问话，引起考官极大的反感。

当然，聆听考官的讲话，也并非要一本正经、目不转睛地盯着对方，而是要通过神态、表情和姿态的综合反应，使对方相信你正专注地听其说话。一般可以采取边听考官讲话，边微微点头，并不时地说上两句“噢”“嗯”“对”“啊”“不错”等口头语，以示你正在认真地倾听。同时，要仔细琢磨考官的话意，以便随时作出相应的回答。

◇ 文雅大方地展示自己

应聘者应答时要表现得从容镇定，不慌不忙，有问必答。问而不语、毫无反应是很失礼的，虽然有时在应答中难免会碰到一时答不出的问题，但切忌一言不发，可以用几句话先缓冲一下：“这个问题我过去从没有认真思考过。从刚才的情况看，我认为……”这时脑子里就要迅速归纳出几条“我想”了。要是还找不出答案，就先说你所了解的，然后坦率承认，有的东西你还没有经过认真考虑。考官考你的并不一定只是问题的本身，如果你能从容地说出自己的想法，即使欠完整，不够成熟，也不致对全局产生恶劣影响。

◇ 善于思考

在回答问题之前，应聘者应在脑海中将自己的思绪梳理一下，对自己要讲的话稍加思索，想好了什么是可以说的，什么是不可以说的，还没有想清楚的就不说，或少说，切勿信口开河、夸夸其谈。文不对题，言不及义，会给人以一种没有内涵的感觉。其次，语言要朴实文雅。有些人喜欢装腔作势，故意卖弄，往往弄巧成拙。应答中只要用词准确，表达清晰流畅就可以了。

◇ 认真有礼

从交谈的礼节来说，求职者在面试中的应答要讲究礼仪，当主考官发问时，求职者应动动脑筋，搞清对方发问的目的和要求，尽力做到有礼有节。

说话可以慢，但不能乱，不可随意答复或敷衍了事。同时还应表现出注意倾听的样子，目光应该关注对方，必要时要点头应和。切不可注意力分散，左顾右盼，更不能打哈欠，看手表，抖动双腿等，这些都是失礼的表现。

◇ 突出重点

回答考官的提问时要突出重点，主试人感兴趣的地方多讲，不感兴趣的地方少讲或不讲，并尽可能做到对答如流。简单的问题，随提随答；复杂的问题，边想边答，让人感到你确实是一个理想的人才。

21

如何把握面试时间？

应聘者心中必须牢记：面试是有限定的谈话，不可久留。面试从某种意义上讲，是陌生人之间的沟通。社交中有一条秘诀：长谈一次不如增加见面次数。这就是说人与人之间的交流像网络，来往交织得越多，网络的密度就越大，交流的感情就越牢靠。人们相互疏于来往，情感也就会淡漠。人世间许多事是由情感来联系的。这一道理用在面谈中同样有效。如果面试考官对你兴趣浓厚，而他又一时下不了决心，可想办法再见一次面，在非正式的场合下，让考官加深对你的了解。

一般认为，面试谈短了不行，长了更不行，所以要先想好话题，察觉会谈的高潮已过后，便准备结束。应聘者把该说的话说完，站起身来，露出微笑，伸出手谢谢考官，然后离开，给对方留下一个积极、良好的印象。

面试中有些话是可说可不说的，有些话是必须说的。那些必须说的话就是高潮话题。应聘者必须察觉高潮话题的结束，主动做出告辞的姿态。

应聘者不要盲目拖延时间，那样会给考官造成心理压力，有逼他当场作出决定的意思（可能你本意并非如此）。如果你还想了解一些问题，可以说：“我不想浪费你的时间谈工作细节，可是我想略微了解一下工作的环境和福利，以及其他有关的事。”巧妙地把琐碎的问题转变成高潮问题，而不至于让面试考官认为你是有意拖延时间。

成功的面试应有适当的节制，时间过长只会对应聘者不利。适时告辞，留下一段美好的回忆，让面试考官品味，比拖延时间的疲劳战术要高明得多。

面试结束时的礼节是用人单位考察录用的重要砝码。成功的方法在于：首先，不要在面试考官结束谈话前表现出浮躁不安、急欲离去的样子，你应该知道在什么时候告辞，有些面试考官以起身表示面谈的结束，另一些则用“同你谈话我感到很愉快”或“感谢你前来面谈”这样的辞令结束谈话。对此应十分敏锐，不失时机地起身告辞。其次，告辞时应同面试考官握手，面带笑容地感谢考官花费时间同你面谈，走出房间时，如果面试前有秘书或接待员接待过你，也应一并向他们致谢告辞。

22

如何向用人单位询问面试结果？

面试结束之后的两个星期左右，应聘者如果没有得到任何回音，可以给负责招聘的人打电话，询问面试结果。

打电话询问面试结果，有两个礼仪细节必须要注意：什么时候问？怎么问？

◇ 什么时候问

从礼仪角度来说，打电话最得体的时间应是对方方便的时间。什么是方便的时间？工作繁忙时间、休息时间、用餐时间、生理疲倦时间之外的时间，都可以认为是方便的时间。因为询问面试结果是公事，在正常工作日的时间段内打电话是较合理的。

①工作繁忙时间。一般是周一上午和周五下午，因为这两个时间段很多单位都有开例会的习惯。即使不开例会，因为周一早上是新的一周的开始，往往还处于适应期，而且还有工作上的事宜需要安排；周五下午又要面临着周末，所以，从心理上自然会“排斥”给他添麻烦的事情。还有就是每天刚上班的一个小时和下班前的一个小时。这个时间段内不是要忙着安排一天的工作就是没法再集中精力处理公事。

②休息时间。一般是指工作日的中午一小时左右的时间；其他私人时

间，特别是节假日时间。

③用餐时间。在用餐的时间，给人打电话是不礼貌的。而且在这个时间打电话往往会找不到人，影响打电话的效果。

④生理疲倦时间。这个时间段一般都是每天下班前的一小时左右，中午下班前的半小时左右。

◇ 怎么问

在电话里，同样的一句话，问候方式的不同，可能会给人不同的印象：或有礼貌，或显唐突。所以，在通话的过程中，应聘者自始至终都要尊重对方，待人以礼，表现得有礼有节。

①应聘者接通电话后，首先说一声："您好！"接下来要自报家门，让对方知道自己是谁，内容应该包括：自己的全名、何时去面试的何职位。这样，以便对方能及时知道你是谁。在电话中要表明自己对贵公司的向往和愿意为公司的发展做贡献。如果碰上要找的人不在，需要接听电话的人代找，态度同样要文明有礼，适当地用"请""麻烦""劳驾""谢谢"之类的词。留言或转告，都不是询问面试结果的首选方式，可以打听要找的人什么时间在，然后到时候再打。

②打电话的时候，尽量不要在通话时随意走动，或是趴着、仰着、坐在桌角上和人通话。边打电话边吃东西，对方会感觉到你没有用心和他通话，从而留下不好的印象。通话要注意控制音量。不管打电话还是接电话，话筒和唇部须保持 3 厘米左右的距离，声音宁小勿大。打电话时，声音是唯一的使者，你必须通过它给对方一个良好的印象。所以，传到电话那端的必须是一个清晰、生动、中肯、让人感兴趣的声音。音量要适中，要注意发音和咬字准确。

③打电话询问的时间长度要有所控制，基本的要求是宁短勿长。就询

问本身来说，两三分钟的时间足能解决。所以，除直接询问结果之外，“表白”的内容长度也要有所控制，不能没完没了。

④注意倾听的方式。打电话时要认真倾听对方讲话，重要内容要边听边记。同时，还要礼貌地呼应对方，适度附和、重复对方话中的要点，不能只是说“是”或“好”，要让对方感到你在认真听他讲话，同时不要轻易打断对方的谈话。作为打电话的一方，通话终止时，本着尊重对方的原则，可以让对方先挂电话。如出现通话因故暂时中断的情况，你就要立刻主动回拨电话，不能不了了之，或等对方打来。

⑤如果知道自己没被录用，可以请教一下原因，此时你的情绪要非常稳定。同时，冷静地、仍然热情地请教一下未被录用的原因，可以说“对不起，我想请教一下我没有被录用的原因”。谦虚有可能赢得对方的同情，同时给你下一次的面试机会。

打电话询问面试结果，次数要把握好。三次左右的电话询问，可以使对方对你有足够的印象。过多的询问电话，则会适得其反。

第三章

青年人的语言沟通礼仪

23

—

在职场中应该如何称呼他人？

称呼的原则及其基本要求是礼貌、尊重、恰当。礼貌就是要求在称呼别人时，要讲究礼貌；尊重就是要求面对职位较高、资历较深、年龄较大的同事，在称呼时要体现自己对对方的尊敬；恰当就是要求对对方的称呼，要适合对方的身份，比如对司机、厨师称师傅可以，但是对医生、教师称师傅就不恰当了。

青年人必须懂得称呼礼仪，在与别人的交谈中，要根据对方的年龄、身份、职业等具体情况及交往中所处的场合、双方关系的亲密程度来决定对对方的称呼。得体的称呼可以体现职场人士的个人修养，展现职场人士的礼仪形象。

◇ 称呼的技巧

青年人在职场中的人际关系大都是因公交往，正确的称呼语体现着文明和尊重。每一位职场人士都应对称呼语的正确使用有所了解，这样既体现自己的专业素养，又避免在交往中出糗。

◇ 称呼要力争附上对方姓氏

在职场交往中能准确地称呼出对方的姓名，会让对方感觉你是一个有心人。有的单位很大，或有时来客众多，以及自己还是新人等原因，要记住每位同事或交往者的姓名不易，可以通过提前做功课达到这样的效果。窍门是面对多人时，记住一两位主要人物的名字，以他们为主，准确地称呼他们，那么接下来的职场交往就会顺畅一些。

另有一种情况是忘记对方的姓名。可以试着从容地、像老朋友般亲切地微笑，伸过手说："您好，我是 × ×。"这时对方会和你一样："您好，我是 × ×。"这样做的效果不错。

◇ 尽量要称呼对方的职务

对方的职务是其社会地位和荣耀的标志，我们在称呼时应该将之体现出来。否则，对方与普通员工在一起时，你不称呼职务，就体现不出其身份了。称呼职务时最好在前面加上姓氏，如"陈总""李经理"等。

注意当对方有高级职称或者高级学位，应该以此相称呼。从称呼上将对方的高级职称或者高级学位表达出来，是非常让人受用的，比如"宋教授""刘博士"等。

当对方是副职的时候，一定要注意不同场合下的不同称呼。当对方和正职同时在场时，一定要称呼对方副职。

将有职务的同事称呼简化，一定要注意避免可能产生的歧义和不好的联想。比如姓"向"或"项"的男工程师、姓"龚"的工程师、姓"吴"的工程师、姓"范"的局长，等等。

对于从事文化教育、专业技术和艺术工作的同事，称为"× 老师"比较妥当。对年长者称呼要恭敬，不能直呼其名，可以把"老"字和其姓倒置，这是一种尊称，如"张老""王老"。称呼时还可以借助声调、热情的笑容和谦恭的仪态来表示尊敬。

礼仪禁忌：

一是忌讳使用错误的称呼。常见的错误称呼一般是误读或是误会。误读是念错对方的姓氏，这样是很不礼貌的。为了避免这种情况发生，可以事先问好别人，或者当面请教。

二是忌讳使用不通行的称呼。有些称呼具有一定的地域性，比如山东人喜欢称呼“伙计”，但南方人认为“伙计”是“打工仔”。所以，要入乡随俗，在哪里工作，就遵从哪里的习惯。

三是忌讳使用不当的称呼。对对方的称呼要谨慎、恰当。如果对方是公司的董事长，而你却称他为“经理”，就会贬低对方的地位，这是无礼的行为。

四是忌讳使用庸俗的称呼。有些称呼在正式场合不适合使用。例如“兄弟”“哥们儿”一类的称呼，虽然听起来让人觉得亲切，但不适合场合礼仪。

五是忌讳称呼外号。不要自作主张给对方起外号，更不能用道听途说来的外号去称呼对方，也不能随便拿别人的姓名乱开玩笑。

◇ 要避免失礼称呼

把职场当成无所顾忌的私人空间，是职场礼仪大忌。即便是好朋友，在职场中也不能过于随便。在工作场合，即便同事之间亲密无间，也不能在公众场合随便称呼绰号。不管什么时候，以生理特征称呼同事，给人的感觉只能是粗俗、无礼、缺乏教养。

同事之间，对年龄相差不大、关系不错的人，可以称呼其姓名。但年龄相仿的异性之间就要注意，不能随便省略其姓而亲昵地称呼其名，除非所有的异性都这样称呼。

24

与人寒暄要注意哪些内容？

寒暄是指交往初始见面时相互问候、相互致意的应酬语或客套话。在职场中恰当地运用寒暄能营造良好的交谈气氛。针对不同类型的人，我们要使用适宜的寒暄方式，选择适当的寒暄内容，不能一概而论。

◇ 寒暄的不同类型

一是一般问候型寒暄。这种寒暄在用语上较为随意，所谈论的内容既可包括饮食起居，天气冷暖，也可包括普通的问候，它并不表明问话者的真实意图，只是起营造气氛的作用。这种寒暄具有随意、简短的特点。

二是攀认求同型寒暄。在人际交往的过程中，如果双方能够在诸如出生地、职业活动、日常爱好、生活遭遇等方面寻找到共同点，那么彼此认同达成共识的概率就会大大提高，能够很快地打破呆板、僵滞局面，使交往向着更加密切融洽的方向发展。这种寒暄就是要寻找共同点，如双方在交往伊始从语言、语音中寻觅到共同的“乡音”，马上便进入“君从故乡来，应知故乡事”的阶段，从而为进一步的交往打下良好基础；又如双方从共同的职业中寻觅出许多共同感兴趣或者都能够发表见解的话题，也会起到很好的营造气氛的作用。

三是仰慕敬重型寒暄。这种寒暄是由于仰慕对方的人品、学识、社会地位而在用语上表现出的谦恭性的客套。在生活中诸如此类的寒暄语可划归为这一类型："×× 先生，您的大作我已经拜读，真是受益匪浅"；"×× 先生，久闻大名，今日见面不胜荣幸"；"×× 先生，您的风采早有耳闻，今日一见果然气度不凡"……这种类型的寒暄显得更加礼貌、正规。

◇ 寻找合适的寒暄内容

生活中在正式交谈之前，双方应有一个暖场和过渡，这就是寒暄。恰当的寒暄能为接下来的沟通创造良好氛围，而寒暄的关键在于寒暄内容的选择。

一是选择合适的话题。寒暄，选择什么样的内容是核心。基本原则就是选择大家没有异议的、方便共同发表意见的话题，特别是和对方相关的或感兴趣的话题。比如天气，让对方引以为傲的事或个人兴趣，社会话题，对对方所在行业的探讨，等等。

寒暄中，我们可以聊点自己闹过的无伤大雅的笑话或受益匪浅的经历，这一类的事情多数人都爱听。开适当的玩笑，除了能调节气氛，还会使人觉得你为人随和、容易相处，但要避开涉及对方隐私的话题。像个人收入、婚姻关系等隐私问题，如果不是对方主动提起，就不要涉及这类话题。

二是注意寒暄就是一个开场白，必须点到即止。寒暄时要注意态度的配合。寒暄时，自己面无表情甚至同时在做其他事，会让人感觉你的寒暄是一种机械式的敷衍，没有诚意。同时，要考虑当时的场景选择最佳寒暄内容。有人喜欢以"吃了吗"作为寒暄语，但要注意，如果看见对方刚从卫生间出来，此类寒暄就与情境不符合。

或许在人际交往的活动中，寒暄的实际意义并不明显，它所发挥的情感导入功能，营造气氛功能，导引交谈主题功能都只是人际交往的前奏或铺垫，但是职场中人没有理由忽视它，正是由于它是人际关系发生、发展的起点，才显示出它的独特性和重要性。

25

如何把握说话的分寸？

有句俗语，叫作“逢人只说三分话，未可全抛一片心。”生活中讲话，须看对方是什么样的人，对方如果不是可以尽言的人，说三分话即可。孔子曰：“不可与言而与之言，失言。”与对方交往不深、关系浅薄，不明白对方的立场、不清楚对方的主张，在这种情形下，我们不要贸然与对方什么话都说。高谈阔论，夸夸其谈，都不是初入职场的青年人在职场中的合适的沟通方式。逢人只说三分话，不说不必说、不该说的话，这是职场中语言沟通须知的礼仪。

古语说：“事无不可对人言。”是指自己所做的事光明磊落，不怕别人知道，但并不是必须尽情向别人宣布。在职场中是否事事可以对人言尤其需要思考，而只说三分话，不是不诚实，更不是狡猾。说话有三种限制，一是人，二是时，三是地。非其人不必说。非其时，虽得其人，也不必说。得其人，得其时，而非其地，仍是不必说。非其人，说三分真话，已是多；得其人，而非其时，说三分话，给对方一个暗示，看他的反应；得其人，得其时，而非其地，说三分话，正可以引起对方的注意，如有必要，不妨择地作长谈。

说话不但只应说三分，留有余地，还要慎重选择一些限制性词语。开口“当然”，闭口“绝对”，把“部分”说成“一切”，把“可能”说成“肯定”等，都会令交谈者不适。

俗话说：“话多不如话少，话少不如话好。”话多的人不一定有智慧，且往往可能相反。所以，在职场工作的人际沟通中，若能自己少说而让别人多说，并适时“制造别人讲话的机会”，则可能会有好的效果。

中国自古以来就有强调少说话的名言，如“吉人之辞寡，躁人之辞多”“祸从口出”“言多必失”“人生丧家亡身，言语占了八分”“危莫危于多言”等。职场中人可结合古训，在职场语言沟通协调过程中，做到言语谨慎，把握分寸。

26

—

在倾听时，应该注意哪些礼仪要领？

如果善说是一种本领，那么认真倾听则是一种修养。倾听能体现出职场人士对他人的尊重，它能创造对话双方之间和谐的谈话气氛。

在沟通中倾听时，我们要注意掌握以下几个礼仪要领。

◇ 专注有礼

倾听别人谈话时，我们应目视对方，全神贯注。还可以通过点头、微笑及其他体态语言的运用，使对方感觉到这一点，从而引起对方的谈话兴趣，使对话得以进行下去。

◇ 呼应配合

倾听者随着讲话内容而呼应配合，既是对他人的尊重，也可极大地调动说话人的情绪。

◇ 插话适宜

为使信息接受得更准确，对一些重要意见，我们最好能得到对方的认可，比如“你的意思是说……”“我理解你的意思是……”如果符合对方的意图，便会得到首肯。如果不符，对方会给你解释。如此，倾听者还会给对方留下一种听得很认真的印象。

倾听者在沟通时，特别是自己在同他人进行交谈时，应时刻不忘在礼仪上尽量做得中规中矩，需要自己“说”时是如此，需要自己“听”时也是如此。

第四章

青年人在职场中的办公和工作礼仪

27

—

如何营造良好的办公环境？

办公室是处理日常公务和进行公务洽谈、交接的场所。办公环境可以反映出一个职场人士的工作态度，也能影响人的情绪和工作效率。因此，每一位职场人员对于自己的办公场所环境应注意维护和整理。其基本要求是整洁、实用。

◇ 办公室的布置

办公室一般由办公场所、文件柜、电话机、写字台四个部件组成。职场人员应合理、有效地布置和装饰。

办公桌应放在房间内采光条件较好、正对门口的地方，与窗户保持约1.5~2 米的距离。用于办公室的装饰品应符合办公室的审美原则，以优雅、和谐、轻松、宁静等情调为主。

办公室文件柜的摆放应以有利于工作为原则。通常情况下，柜子靠墙角放置，不宜占据较大的办公空间；也可放置在离工作人员较近的地方，以便随时查找资料，整理、收藏文件。

办公室电话的摆放应以便利接听为原则。一般放在办公桌或写字台的右前缘。

◇ 保持办公室的整洁卫生

职场人员应保持办公室有适当的空间，及时清除废品，不要让一些不常用的物品占用办公室的空间。尽量保持办公场所有一定的采光度和亮度。

职场人员应定时整理办公室，保持办公桌整洁，文件、办公用品摆放有序，办公桌椅放置整齐，地面干净，门窗洁净明亮。

办公室内应配备垃圾桶等卫生设施，公用毛巾等用具应干净。办公人员要保持安静，不高声喧哗。

◇ 对办公室适当美化，锦上添花

如有可能，办公室应做适当美化，可适当摆放一些工艺品和盆景，挂些字画。

28

如何把日常工作做得秩序井然？

在职场中，处理琐事是日常工作的一部分，如果能使工作井然有序、条理分明，会既省时，又能创造经济效益；反之，如果工作杂乱无章，就可能带来种种缺失、弊端，甚至因此导致挫折与焦虑。

下面提供一些基本的有效方法，可以供初入职场的青年人参考借鉴。

◇ 设定目标

目标能让人掌握正确的方向，而不会迷失方向。但不要让设定的目标控制自己。职场人士要接受一项事实，不是所有工作都能如期完成。一天之内做不完的工作，不妨挪到明天，成为优先处理事项即可。

◇ 要事列表

把要做的事用表列出来，这是一种有效的工作方法。职场人士可以依据每项工作的重要程度，排出先后顺序，设定所需时间与完成期限，依顺序完成进度。

◇ 计划顺序

不要企图什么事都一把抓，结果可能什么都没做好。可以先从小处着手、循序渐进，并且尽快着手，然后保持应变能力，随时调整优先顺序。对此，职场人士可创建行事纪要，以提醒自己的重要约会及各项工作之完成期限。

◇ 整理环境

职场人士要把工作安排得井井有条，首先要整理自己的工作环境，如桌子、书架、档案柜等。先丢掉重复多余的文件、过期的记录、束之高阁的各类书籍、报刊，最近一段时间内没有用到的资料等，然后重新分门别类整理。丢掉无用的档案，或将其移至工作范围之外。把常用档案中过期、重复或不适用的资料销毁，并以涵盖范围最广的分类方法重新归纳档案，然后依使用频率排列档案顺序。

29

职场人士在办公时有哪些要求？

职场人士在办公时应注意以下常规要求。

◇ 注重仪表

职场人士进入办公室时应容光焕发、精神振作，显示出愉快、自信的神情。面容、头发整洁；着装端庄、沉稳、大方，若单位要求统一着装，应尽量穿着规定的工作服；如果没有统一的服装，职场男士可以西服为主，女士则穿职业女装、套装。冬天进入办公室，应脱掉大衣、帽子和手套；夏天不可在办公室内穿背心、短裤、拖鞋。

◇ 举止规范

职场人士在办公室内应注意保持常规性的礼貌举止，站立时姿态应挺直、自然；落座时要求轻稳；行走在办公室内应步幅稍小，动作轻捷稳慢。

◇ 谈吐文雅

工作中，职场人士言谈应使用普通话，用语得体，表达时吐字清晰，尽量降低音量，语气轻缓，语速适中。交谈时认真倾听，不轻易打断对方的话。

◇ 遵守公德

职场人士应保持办公室工作环境的清洁卫生。不可在办公室内乱扔纸屑，随地吐痰。办公室的文件资料及文具用品应摆放有序，并注意随时进行整理。

◇ 遵守办公规则

职场人士不仅要端正思想，克服不良习惯，而且还应当认真而系统地学习一些基本的办公规则。办理工作事务，一是应当提前准备，做好计划；二是应当分门别类，一时一事；三是应当难易结合，从难做起；四是应当案头整齐，有条不紊。

30

在工作中如何提高效率？

职场人士的日常工作特点是头绪众多，范围广，事情杂。在这种情况下，要节约时间，提高效能，就必须善于把复杂的事物简单化，这是一条提高时间使用效率的捷径，是一种高效的办事艺术。

在现实生活中，有这样两种类型的职场人士，一种是善于把复杂的事物简单化，办事又快又好；另一种是把简单的事物复杂化，使事情越办越糟。应当提倡第一种类型的办事作风，倡导掌握化繁为简的办事高效的艺术。

化繁为简的工作艺术，主要包括以下几个方面的内容。

◇ 抓住主要矛盾

在职场办公中，职场人士必须善于在纷纭复杂的事物中，抓住主要环节，“快刀斩乱麻”，使纷纭复杂的状况变得有脉络可循，从而使问题易于得到解决。

抓住主要矛盾，即抓住工作中的关键环节，从它的反面讲，就是要善于排除工作中的主要障碍。主要障碍就像瓶颈堵塞一样，必须打通，否则工作就会“卡壳”，耗费许多不必要的时间和精力。

◇ 立体统筹

进行时间上的立体统筹，也就是巧排事序的最优方案，是职场办公人员时间运筹艺术中的一大高招。进行时间统筹，首先应具有立体化安排时间的意识。立体公路的车流量大，高层建筑的空间利用率高。同样道理，立体结构的时间安排也能提高时间利用效率。

我国有一句古话，叫作"一心不能二用"。如果从专心致志做某件事的要求的角度看，这是对的，但是有些事情完全可以一心二用。事实证明，一心二用，同时做两件事，是节约时间的重要技巧。

运用立体统筹的策略，职场公办人员可以大大提高时间利用率。

◇ 优化事序

"优化事序"即简化不合理的工作程序。职场人士的案头，往往有不少的问题或任务排成队，静待着处理。如果要按单向排队顺序，来了什么工作就做什么工作，天长日久，就会形成"事无巨细，一律平等，一律照办"的工作习惯，这样的习惯在客观上就会导致数量众多的"小事"，淹没了非常重要的"大事"，导致办公人员产生因小失大的错误。这样的工作习惯也使办公人员产生错误，只重视现在，而忽视将来；只重视克服困难，而忽略创新和寻找机会。

提高办公的时间效率，要求以社会效果和经济效益为准绳来确定事序的排列。这要求办公人员将每天面临的杂乱无章的工作系统化，按工作的轻重缓急，根据某项工作在系统中起作用的程度、贡献大小分为不同类别和排定事物的优先次序。

31

与同事相处越热情越好吗？

职场中一个基本的礼仪常识，就是不可待人过度热情。做任何事情都有一个度，如果热情过度，只会产生不好的结果。

◇ 保持职场的工作热情

保持旺盛的工作热情，能够帮助职场人士提高解决工作问题的能力，战胜工作中的恐惧心理，使其思维更敏锐，让其努力得到更多的回报。工作中遇到困难或压力时，它能够安抚职场人士紧张的情绪，建立自立自强的信心，从而激发强大的动力，创造工作的奇迹。

职场并不是一帆风顺的。工作中，职场人士经常会遇到各种各样的困难、痛苦和失败，如果他（她）能够激发内心的激情，用热情的积极心态去工作，那么工作中的痛苦的情绪会比较快地消散。保持旺盛的工作热情，也就是具有了一定的消解工作中不愉快、痛苦情绪的能力。

◇ 对同事不可热情过度

热情是良好的素质，是一种工作的积极心态，但是热情不应过度，为什么好心的同事过度热情会招来新进人员的惶恐，为什么自己满腔热情，别人却不领情，反而流露出不满甚至厌烦的情绪呢？最重要的原因是，工作之中，他们不懂得充分了解人的心理，没有界限感，从而干扰了他人的工作和生活。

因此，人际交往中要有所保留，切莫流露“好事做到底”的过度热情。工作中要保持距离，热情能够融化冷漠，能够赢得他人一时的感激，但是一味地热情，就有可能适得其反。

职场人士为人处世时，请守好自己内心的热情，和热情保持适当的距离，做到既不冷如冰川，又不热如火山，使人如沐春风。因为这种距离体现出来的是理解和尊重，它更能打动人心。

32

是否应该在同事面前显示自己的表现欲？

职场中，职场人士希望得到别人的肯定与赏识。所以，每一个人都在尽心地维护着自己的形象与尊严。职场人士应明白这样一个道理：不要在同事面前显现自己的优越性。职场中，我们不难发现爱表现自己的人，他们常常想让别人知道自己的能力，显示自己的优越感，渴望得到他人的敬佩和认可，结果却恰恰相反。

假如某位同事的谈话显示出高人一等的优越感，那么，别人对他的排斥心理乃至敌意也就自然而然地产生了。在一家大型企业，有一位人事部门的科员，在他所在的人事部门里，他虽然精明能干，却在很长一段时间几乎没有一个朋友。问题到底出在哪里了？看看他平时的行为就知道原因了。他每天都在同事面前吹嘘自己在工作中的成绩，每天有多少人找他请求帮忙，哪个不清楚名字的人昨天硬要给他送礼等等自认为的“得意事”，但是同事们听了之后，不仅没有分享他的喜悦，反而极不高兴。这位人事科员沉醉其中，乐此不疲。殊不知，同事们早已对他的自大与强烈表现欲表示反感，渐渐地与他疏远了。

自显才华者，使对方处于难堪的境地，这对自己没有什么好处。职场中，对于智者而言，他们不会干逞强一时，使他人面子难堪的事。

职场中，还有一些职场人士为了自己的表现欲，不喜欢与比自己强的同事合作，而是选择比自己差的一些人。人际关系中，潜意识里人都有等级观念，所以产生了优越感与自卑感效应。职场中，能力有高低之分，往往你会轻信能力比自己高的人的话，而轻视能力比自己低的人的话。遇到比自己强的人，不是因有学习机会而高兴，反而感到受到威胁。这是为什么？原因就是自己的表现欲在作怪。

工作中，有许多人把握不好热忱和刻意表现之间的界限。不少人总把一腔热忱的行为过度演绎，也就是说，这些人学会的是表现自己，而不是真正的热忱。真正的热忱不会让同事们感觉你是在刻意地表现自己，也不会让他们产生反感。

同事之间的交往，彼此之间理应是平等与互惠的。妄自尊大，高看自己，小看别人，过分自负的人，最终会引起别人的反感，使自己在与人交往中陷入孤立的地步。

33

如何避免在办公室“祸从口出”？

身处职场，职场人士要懂得什么场合说什么话，要懂得什么话可以说，什么话不可以说。办公室是职场的缩影，有自己的一些禁忌。那么，办公室里哪些话属于禁语？下面几条需要注意。

◇不议论领导的隐私问题

首先，职场中，职场人士宜只谈论工作，领导、同事之间的私事应避免谈论，这是职场基本礼节之一。其次，在单位里是同场竞技，每一个人都有可能成为自己的竞争对手，即便是合作与配合默契的搭档，也有可能在竞争中变脸。要时刻牢记一个基本的道理，那就是“没有永远的朋友，只有永远的利益”。如果让竞争对手掌握了你的弱点或是知道你在同事之间议论领导的隐私，那么你的职场之路不会顺利。

◇别打探同事的薪资福利水平

领导给每一个人的薪资是会有差异的，领导不喜欢员工背后私下打听彼此之间的薪金收入，这不利于领导的量才录用，也不利于员工之间的和睦关系。

◇不把个人的问题带到办公室

无论是开心或是郁闷，不要将个人情绪或个人的事情带到办公室，这很容易把办公室变成了聊天室。更何况，职场是充满了竞争和挑战的地方，行为举止稍有不当就有可能给竞争对象落下话柄，或是变成了竞争环境中可以攻击自己的话题。

◇不谈论个人家庭的绝对私密

不管你是有心还是无意，也不管你是不是直率，或是把同事当成朋友，坦率是要分场合与对象的。因此，有些家庭私密还是最好别带到办公室里来说。

34

办公室里有哪些“雷区”？

办公室是职场的缩影，有着自己的一套规则。办公室里有哪些“雷区”呢？下面几点职场人士不妨注意。

◇建立小团体，互相八卦各种小道消息

办公室内切忌私自拉帮结派，形成小圈子，这样容易引发圈外人的对立情绪。更不应该散布各类小道消息，充当消息灵通人。

◇散播负能量，总是在满腹牢骚地抱怨

工作时应该时刻保持积极的情绪状态，即使遇到不如意、有委屈、不被领导信任，也不要满腹牢骚、到处诉说，这样既不会给你带来好处，还会让别人避之不及。

◇情绪失控

人难免有情绪，但是总是把情绪和工作搅合在一起，总是用“最近情绪低落……”“我太难受了……”“和家人冷战……”当作借口，同事都会反感的。

◇做事不负责

每个人都会犯错，上级也能容忍体谅下属犯错，重要的是能否从错误中归纳出对的方法，下次不再重蹈覆辙。如果犯了错，你要勇于承认，愿意负责。这样才有可能博得大家的谅解甚至尊敬。

◇表现过分积极

积极基本上是值得鼓励的，除非太过火以至于激起公愤。对分内的事积极绝对值得赞赏，但若在不该积极的地方积极，那很可能招致人际关系的恶化。职场人士唯有时刻保持清醒，才看得清真正的价值在哪里。

35

成为职场人的基本要求是什么？

成为职场人，身在其位，当勤其业。这是履行工作职责的必然要求，也是职场人士有位而有为、争创出色业绩的基本要求。

◇ 勤奋是履行工作职责的必然要求

勤奋是职场人士应有的职业素质。勤奋即勤于干事，任劳任怨，忠于职守，勤奋敬业。职场的岗位是工作单位指定的工作业务平台。身为职场人士，在其岗，就要忠其职、勤其业，尽心尽力，尽职尽责。

职场岗位工作是一个需要全身心付出和奉献的工作。不付出必要的努力，不打好坚实的基础，即使有好的平台，也会因为缺乏必要的准备而难以胜任，再加上吃苦耐劳和乐于奉献精神的严重缺乏，到了重要的岗位上就不会勤奋敬业，就不能恪尽职守。只有那些不仅在岗而且爱岗，不仅爱岗而且把心血投入到岗位工作上，踏踏实实付出、实实在在创造工作实绩的职场人士，才会进步快，才能最终受到同事和上司的信任。

一个具有勤奋敬业精神的职场人士，在任何考验面前都会坚守岗位、积极贡献、表现出高超的职业道德和事业心。这样的人往往比较容易获得职位升迁、个人进步。

◇ 履行勤奋职责必须恪尽职守

恪尽职守，是对职场在岗人员在履行职责方面的基本要求。尤其是身居重要岗位或领导岗位的职场人员，身上承担着与其权力相适应的职责。权力越大，职责越重。因此是否恪尽职守，是评判其是否称职的重要标准。身为职场岗位工作者，必须要把恪尽职守、努力干事作为自己全部工作的出发点和落脚点，即使取得了一些成绩，也不能居功自傲，疏于或放弃职守。更不值得大肆炫耀，而应再接再厉，继续努力。这是职场人士应有的职业品质和职业道德。

◇ 做到人在岗上，岗在心上，心思在工作上

成功的职场人士在岗位工作中，会努力做到人在岗上，岗在心上，心思在工作上。而一旦走上重要的岗位或领导岗位，更会切实做到用心想事、用智谋事、用力干事。

要做到人在岗上，岗在心上，心思在工作上，就要用心想事，心无旁骛地把心思用在研究、解决工作中面临和出现的问题上。当前，确实有些职场人士，或是由于缺乏责任心和使命感，心不在焉，不知道要干什么事、该干什么事；或是把心思用错了地方，对个人的事热心、操心、专心，对岗位上的事不上心，不关心。这样做的后果是，既耽误整个团队、整个组织的发展，辜负领导和单位组织的信任和期待，又直接影响了自己的工作效率和事业前途。

36

工作中如何做到务实、实干？

务实和实干是各个职业岗位工作要求的核心内容，也是个人职场生涯不断进步的关键所在。以实干创业绩，作为职场人士应从以下几个方面做起。

◇ 去除浮躁，静下心来干事

浮躁是一种急于求成的不良心态，也是工作粗疏、作风轻浮的表现。一个职场工作者，不论从事什么行业，身在什么岗位，如果不能专心干实事，必然会想得多、做得少、执行不力、工作浮夸。要做到不浮躁，就要淡泊名利，不为名所惑，不为利所趋，在待遇、荣誉、职位面前始终保持平常心态。立志成事的人，面对种种考验，应保持冷静的心态，不急功近利而静心干事。

◇ 不做不说，踏踏实实做事

实干型的职场工作者，工作中不图虚名，不使虚劲，而是踏踏实实做好每一件事。务实精神体现在做与说的关系中，要把“做”放在第一位，没有做的不说，做不到的不说。不能本末倒置，空话说得多，实事办得少，做表面文章，一味造声势，搞“激动效应”。实干者不会为了讨好领导欢心而积极表现于一时，而是始终把实干精神落在岗位工作中的实处。

◇ 少去务虚，锻造务实作风

锻造务实作风，在职场岗位工作中就要说实话、办实事、求实效，使说的、做的与“实”的要求更合拢；就要坚持实事实办，把狠抓落实放在突出位置；要把目标“实化”，使之易于操作，认真纠正岗位工作中出现的偏差，保证按时、按质、保量地完成任务。

进入职场后，职场人士一定要务实而不务虚，绝不能只为做给人看，专于“显山露水”“表面风光”的事，这实际上是沽名钓誉的思想在作怪，一定要言行一致。

37

日常工作中如何做到“十指弹琴”？

日常岗位工作往往是头绪众多且繁杂的，因此，职场人员做好日常的岗位工作要善于“十指弹琴”。所谓“十指弹琴”是指十个指头都要动，但不能乱弹，否则只能产生刺耳的噪声。十个指头如何动作，其中奥妙无穷。只有掌握了诀窍，按照一定的规律，有先有后，有轻有重，有急有缓，配合默契，才能奏出抑扬顿挫、美妙无比的乐章。日常岗位工作中，繁忙杂乱的日常事情就好比是一架钢琴，职场人员好比是钢琴手。如果职场人士自己能够把繁杂的工作安排得井然有序，既把握好中心环节，又照顾到其他环节，主次配合，难易相间，脑体互补，那么就能够在普通而平凡的工作岗位上，照样干出出色的业绩，就像高明的钢琴家奏出美妙的音乐一样，得心应手，浑然一体。

“十指弹琴”的工作艺术，要求职场人士在工作中既把握事情的重点，又兼顾其他。这就是说要善于从众多的工作中抓住重点和中心，把注意力用在重点和中心上。同时，又要根据重点工作和中心工作同其他工作的内在联系，带动和促进其他工作的进展，为其他工作创造有利条件。职场人士既不能单打一地抓中心，也不能十个指头平均使用力量。弹“钢琴”一定要弹得“主调”鲜明无杂音，“和音”相配节奏明快。“十指弹琴”的艺术还要注重在办事过程中各个因素之间的有机配合和平衡协调，使之成为一架浑然一体的机器而有机地运转。一方面，要非常注意办事的“硬性”因素，要遵循科学合理的组织规章制度；另一方面，又要十分重视办事工作中的“软性”因素，就是要在部门之间、同事之间上下左右协调关系，为办成事创造良性的环境。

“十指弹琴”的工作方法，实际上是一种高超的协调技能。它把工作中的重点和非重点、中心和非中心进行有机的组合安排，并由上一阶段的中心环节稳妥地转到下一阶段的中心环节，将办事过程中的“硬性”因素与“软性”因素妥善搭配并巧妙糅合起来，在规范化、科学化的组织结构中注入有能动性、创造性、灵活性、富有弹力和活力的元素。这种工作方法能产生很高的效能，使岗位工作井井有条，让职场人士提高办事效率，充分显示出自己的实际能力。

38

在工作中，如何做到大处着眼，小处着手？

职场人士在日常的岗位工作中，应当遵循这样一条准则：“大处着眼，小处着手”，不回避工作中可能出现的任何大小问题，在大小问题上充分施展本领，有条不紊地逐一解决。

当自己想处理某一个问题时，往往会面临着相关联的一堆问题。缺乏经验的人，常想把所有问题一齐解决。着手范围大，想解决这些问题所需的条件已超过了自己的能力，可能会造成失败的局面。

从事岗位工作，就会有具体的、棘手的问题要解决。因此，能否成功地处理问题，是衡量与评价一个职场工作者能力高低的重要标志。

日常工作问题是一直在变化的，即问题的主题、难易程度、持续时间或影响范围等随时在变化，这就决定了解决这些问题是有一定难度的。

职场人士应记住这样一句俗语：“眼光要看到整个树林。”当然，实际工作中，实行起来并不容易。要将所有事做好，就要付出相当的代价，既要能看到“整个树林”，也要看到“每一棵树”。要彻底解决每一个问题，对每个问题，要分配一段适当的时间；在那段时间内，集中自己全部的精力投注在那个问题上，以求得最佳的解决方法。

面对岗位工作中出现的所有问题，职场人士应善于将它们依其轻重缓急，排定先后顺序，然后集中力量，一次针对一个问题，从大处着眼，小处着手，即要办事细致周到。如果你想成为一名优秀的职场人士，就不妨在岗位工作上的细心、周详这两方面多下点儿功夫，请注意以下两条建议。

◇ 细心体察

细心体察，就是要学会办事到位、解决问题的工作方法和特点，随时关注单位的焦点，能够细致入微地了解整体的情况，做到不仅同步而且还要超前地制定措施。

细心体察，还意味着自己应注意观察生活，了解社会，对部门、社会的各种实际情况有一个透彻的把握。这样，就能够做到提前预见事物的发展脉络，考虑到可能发生的各种情况，办起事来游刃有余，从容不迫，能够圆满地完成任务。

◇ 预先计划

古人云："先谋后事者昌，先事后谋者亡。"在岗位工作中只有做到有预见性、有计划性地开展工作，才能把事情做得有章有法，有条不紊，才能对各种可能发生的情况给予充分的估计，并有相应的应急措施，不至于事到临头手忙脚乱，耽搁工作。

有预见性，就是要预见到事情发展进程中可能遇到的困难和问题，并制定相应的应急措施；一旦事情在发展过程中有所改变或需要调整时，能够迅速地作出反应。所以，在职场的岗位工作中，每个职场人士都应具备某种提前运筹和设计方案的能力，以备决策并应付各种突发事态。

39

如何抓住工作中的“关节点”？

在职场岗位工作中，抓住“关节点”是高效率的工作方法。具体体现在以下几个方面。

首先，从岗位工作的要素看，个人能力作用于岗位工作的资源配置过程中。具体岗位工作是“点”式的，资源经过无限分解，是“点”状的，个人能力是作用在点上的。因此，“点”是多种要素的交会处，岗位工作就是由多方面、多层次、多结构的“点”状态的要素所组成的。

其次，从岗位工作的过程看，岗位工作是一个由连续的时空因素和互相关联的工作内容构成的“活动链”，“点”正是活动链条上的最基本、最初级的形式。岗位工作没有“点”，就没有开始；没有“点”，就没有发展；没有“点”，就没有终结。每项岗位工作任务都要经过形成、发展、终结的过程，一项工作任务完结了，新的任务又产生了，新的任务又遵循从形成到发展再到终结的运动变化过程。岗位工作就是在这种“点”法则作用下做周而复始的“点”更替，从而推动自身顺利开展。

最后，从岗位工作的艺术角度看，抓住“关节点”也是达到办事到位的根基。各种力量相互作用的交会“点”，就是工作链条上的关键环节、要害部位，方法发挥最大作用、最好效果的最佳支点就在“关键环节”和“要害部位”上。职场工作者如能悟出这些“关键节点”和“要害部位”，就找到了事物的主要矛盾和矛盾的主要方面，就抓住了办事过程中的“牛鼻子”。职场人士如能处理好这些“关键节点”“要害部位”的矛盾和问题，就能使之成为做好本岗位工作的突破口、切入点，收到以小促大、以点促面，直至能用微量的变化催生全面质的变化的显著成效，解决全部问题也就水到渠成了。

古希腊哲人阿基米德说过，给他一个支点，他可以撬动地球。“点”式工作艺术的精髓就在于抓住“关键环节”和“要害部位”，找到托起地球的那个杠杆的“支点”。

40

如何面对工作中的突发事件？

职场岗位工作中，职场人士常常会遇到一些突发事件，有些事件处理不及时、不妥当会造成严重的后果。这种情况往往会让一般人处在恐惧之中，乱了手脚。一名优秀的职场工作者，应首先稳住局势控制住事态，使其不扩大、不升级、不蔓延，这是处理突发事件的关键。要达到这一目的，可采用以下几种方法。

◇ 组织控制法

对于突发事件，运用组织控制法是指在组织内部迅速统一观点，使大多数人有清醒认识，稳住阵脚，大局为重，避免危机扩大。这种方法要求：

一要注重效能，标本兼治。处理突发事件的首要目标是迅速果断行动，控制局势，这就要求突发事件的决策指向必须针对要害问题，达到“立竿见影”的效果，首先治“标”，为此而采用的决策方式可以是特殊的，在治“标”基础上，才能谋求治“本”之道。

二要打破常规，敢冒风险。由于突发事件的结果扑朔迷离，犹如处于瞬息万变的战场上的军队，需要强制性的统一指挥和凝聚力量。同时，在突发事件决策时效性要求和信息匮乏条件下，任何莫衷一是的决策分歧都会产生严重的后果。所以，对突发事件需要灵活处理，要改变正常情况下的行为模式，由负责人员最大限度地集中决策，使用资源，依决策经验采纳建议，迅速作出决策并使之付诸实施。

三是循序渐进，寻求可靠。在处理突发事件时，当事者要有冒险精神，但要倾向于选择稳妥的阶段性控制的决策方案，以保证能控制突发事态的发展。在信息有限的条件下当事者采用反常规的决策方式，并对决策后果风险进行预测和控制时，需回避可能造成不必要波动的方案，同时注意克服急于求成情绪，因为突发事件的表象固然可以迅速得到控制，但其根本的处理则需要在表象得到控制的基础上进一步决策，做到既要及时应变，又要循序渐进，寻求可靠的方法。

◇ 心理控制法

突发事件常常会对人们心理产生相当大的冲击与压力，使大部分人处在强烈的冲动、焦躁或恐惧之中。所以，当事者首先应控制自己的情绪，冷静沉着，以“冷”对“热”、以“静”制“动”，镇定自若。这样，当事者的心理压力就会大大减轻，并能及时恢复理智，这有利于突发事件的及时解决。

第五章

青年人在职场的通信礼仪

41

打电话应遵守哪些礼仪？

随着科学技术的发展和人们生活水平的提高，人们的日常生活已离不开电话，每天要接打大量的电话。打电话看起来容易，对着话筒同对方交谈，觉得和当面交谈一样简单。其实不然，打电话大有讲究，可以说是一门学问、一门艺术。一般情况下，职场人士拨打电话要注意遵守以下礼仪规范。

◇ 在合适的时间打电话

除非有特别紧急的事情，公务通话一般应选择在周一至周五的上班时间，不要在下班之后打，更不要在对方的休息时间打。如果确有急事不得不打扰别人休息时，务必在接通电话后先为此向对方致歉。如果拨打国际长途电话，注意先计算好时差，然后选择一个合适的时间。

◇ 控制好通话时间

电话的作用在于便捷高效，所以要长话短说，掌握好通话时间。

一般情况下，每一次通话的具体长度应有所控制，基本的要求是：以短为佳，宁短勿长。职场人士最好遵循“三分钟原则”，即在打电话时，发话人应当自觉地、有意识地将每次通话的长度限定在 3 分钟之内，尽量不要超过该时长。

如果一次电话要占用5分钟以上的时间，应该首先说出你要办的事，并问一下："您现在和我谈话方便吗？"假如不方便，就和对方另约一个时间。

◇ 通话表述得体

如果说"文如其人"，那么，也可以说"话如其人"。用电话通话，互不见面，语言是唯一的信息载体。因此，打电话的艺术主要体现在语言的表达上。

通话表述应符合礼仪规范，不应高调门，"语惊四座"；语气应谦恭有礼，热情亲切。一般拨通电话后，应先问候"您好"，然后自我介绍和证实对方的身份。打完电话应有相应的礼貌用语，如"谢谢""再见"。

◇ 举止要得当

如果使用座机打电话，话筒要轻拿轻放，不要急不可耐，一遇到无法接通的情况就表现得很不耐烦，甚至摔话机。电话接通后，要等铃声响过六遍后，确信对方无人接听，这时才可挂断话机。

◇ 注意周围环境

打电话要注意周围环境。在办公室打电话，要避免谈话声、嬉笑声、咳嗽声。如果有急事，可以先"整顿"一下通话环境，待安静下来再拨通电话。

不管是在公司还是在家庭里，一个人在电话里的讲话方式，可以基本上判断出其礼仪教养的水准。因此，职场人士务必要注重在电话里的通话礼仪。

42

电话通话中有哪些语言规范？

电话主要是以语言交流为基本形式的沟通工具。正确、有效地使用语言表达是礼仪要求的重要内容。

◇ 控制语音语速

①控制语调。语调最能体现细致微妙的情感。一般来说，语气要适中，语调应以不影响别人办公为度，同时要使对方感到亲切自然。

②掌握音量。打电话是远距离传送信息的过程，通话过程中发音清晰、咬字准确是保证通话质量的重要条件。

③调整语速。适中的语速是保证通话质量的关键。语速过快，对方可能不能准确无误地接收到信息；语速过慢，则容易引起对方的急躁情绪。

④把握语气。通话时语气的把握至关重要。温和、亲切、自然的语气往往会使对方对自己心生好感，从而有助于交往的进行；相反，如果语气生硬傲慢、拿腔拿调，或者表现出厌烦责备的口吻，则显然无助于工作的顺利开展。

◇ 注意说话顺序

职场人士在打电话之前要先整理好要讲的顺序内容，同时做好备忘记录。

有八成的电话是在三分钟（平均 2 分 40 秒）内完成的，这代表只要有三分钟，大概就可以把要讲的话说完。如果同时有几件事要讲，最好是整理成为简洁的要点备忘，如此才能迅速说出并避免错误，这是使用电话的重点。

◇ 内容避人耳目

职场人士在通电话时应随时注意周遭的状况，选择安静、易于沟通电话内容的场所，如果需要可以把这边的状况告知对方。

职场人士在通话时，还应注意：一，不要大声嚷嚷；二，谈话内容不要涉及对方隐私。

◇ 说明难懂词汇

电话是利用声音传达信息的载体，除了迅速、简洁之外，务必要求正确。通话时语言表达中若有不容易让人听懂的词汇，职场人士应立即进行附加说明。

通话时，职场人士须注意下列事项：

尽可能使用易懂的词汇，避免生僻词汇，造成不必要的误解。

发音要清晰，遇有同音字要主动说明，如“我姓张，弓长张”。

若有不易懂的词汇应加上说明。

一般说来，不易分辨的词汇同时出现的情形并不多见，但在工作场合上听错一个字，可能会带来极大的损失，这样的例子并不少见。为了避免发生类似的错误，在电话的交谈中，对于难懂的字词双方一定要做到重复确认才行。

43

—

接电话有哪些礼仪要求？

当对方打来电话，我们怎样接听，这当中有很多礼仪要求。职场人士在接电话时要注意以下事项。

◇ 及时接听

电话铃声一响，职场人士应及时接听，不能任由铃声响个不停。一般在听到完整的铃声响后接起电话。若两个电话同时响起，要先接起一个，询问对方是否介意接听另一个电话，征得同意后才能接听另一个电话。不要同时接听两个电话。

◇ 文明应答

职场人士接听电话时要做到有问必答，依问作答。铃声响起，应拿起话筒问候对方，并自报家门。一般不宜用“你是谁”“你找谁”“有什么事”之类的话发问。与对方通话，要尽量每问必答，但不要答非所问。与对方交谈内容结束后，应及时道别，说声“再见”。

◇ 转入正题

当你接听电话时，不要拖延时间，而应立即做出反应。一个好的开场白可能是:“您需要我做什么?”当你觉出对方有意拖延时间,你应立即说:“真不巧!我正要参加一个会议,不得不在5分钟后赶到会场。”很多情况下,这样的回答会中止你们谈论不必要的琐事,加速商务谈话的进展。

◇ 做好记录

接听电话时,接听者通常需要做记录。平时应做好通话记录准备,将电话记录簿或记录用纸、笔准备好,不宜在通话后放下听筒,再找纸笔。对一些重要内容如涉及时间、地点、数量等,需再加以核实,避免记错。

◇ 避免将电话转给他人

职场人士在接到电话后应尽量自己处理电话事宜,在万不得已的情况下才能转给他人。这时,你应向对方解释原因,并请求对方原谅。例如,你可以说:“王师傅会处理好这件事的,请他和您通话好吗?”在你作出这种决定之前,应当确定对方同意你将电话转给他人。例如,你可以说:“对于这件事,我们很快会派人跟您联系的。”

◇ 避免电话中止时间过长

如果你在接电话时不得不中止电话去查阅一些资料,应当动作迅速。你可以有礼貌地向对方说:“您是稍候片刻,还是过一会儿我再给您打过去?”

如果查阅资料的时间超过你所预料的时间,你可以每隔一会儿拿起电话向对方说明你的进展。如可以说:“先生,我已经快替您找完了,请您再稍候片刻。”当你查找完毕,重新拿起电话时,可以说“对不起,让您久等了”,以引起对方的注意。

对于接电话的人来讲,当需要查阅资料而有礼貌地请他稍等片刻,这是可以接受的。

44

—

如何做好电话记录？

电话对其内容不留痕迹，虽有其缺点，但在日常工作中不可缺少，它越来越成为商业上的重要工具。

为了不在电话应对上有所疏忽或闪失，记录内容非常重要。但如果记下来的内容是错误的，将会失去其意义。为了减少错误，我们应把对方交代的事用便条纸记下来，同时还必须复诵确认。

当自己打电话时，若对方没有复诵的意思，自己可以主动地说“对不起，我念一遍请您核对，行吗？”，以减少听错的情形发生。

由于电话的普及率相当高，因此往往在使用上电话就有被轻视的倾向。其实在工作场合上，电话的应对与一般面对面的应对没有什么两样，当电话铃响时，我们应做到下意识地就拿起纸和笔，然后再接电话。这样互相确认内容，就可以弥补电话本身无法记录的缺点。

即便是手机，我们也不可能一整天等着不知何时会打过来的电话。电话打来时，我们很可能会因某些原因而无法接听，这种情形有时会造成个人或单位的损失。因此，正确的记录与否，跟电话应对的好坏是同等的重要。

电话传话的记录方法，必须注意下列几点。

简略地记录所有要点。

正确地记下固有名词，不清楚的时候要再确认一次。

记下备忘后，须重新确认一次后再转达。

记下来电者的姓名、接听的时间及接到电话的人名。

接听电话时，如果不能将所有项目都仔细地记录下来，就不算是正确的记录。通话记录虽然只是一张纸，却不能省略重要的一字一句。

传话的要领按照人们常说的几点进行记录就不容易出错，也就是英文单词“谁（打来的人），打给谁（要找的人），目的（什么事、什么时候、在哪里、怎么做），何时（打来的时间），是谁（接电话的人）”，一边想一边记下来。

45

—

如何转接电话？

◇ 以礼相待对方

电话铃响，我们拿起话筒，首先应以礼貌用语通报自己的单位名称。明确所找的人后，可立即回答；如果要找的人不在，可婉转回答对方或告诉对方过会儿再打来；对方有重要事可转告或被要求记录下来，应认真予以记录，其中的重点内容再复述一遍，以证实无误。

◇ 再次确认要找的人

当知道了对方的名字及要找的对象之后，我们接下来便是要再做一次确认（复诵），这是为了避免弄错要找的对象，也是告诉对方“我一定会帮你转接给他”的意思。

来电的人没有报上自己的名字，但一定是有事才打这通电话，所以一定要让其说出自己和他要找的人的姓名。

◇ 转接电话要遮住话筒

电话是单方面的要求对话而打的，有时会因时间及场合，使得要找的人一时没办法接听。此外，对方仍然是将话筒靠在耳边上，所以会很清楚地知道这边的情形。因此，一定要养成当转接给对方时，要用手遮住话筒或者是按保留键的习惯。

◇ 要尊重隐私

代接电话时，我们不要询问对方与其所找之人的关系。当对方有求于己，希望转达某事给某人时，要守口如瓶，千万不要随意扩散。

◇ 要做好笔录

我们在代接电话而对方要找的人不在时，应向其说明后，问对方是否需要代为转达。对方要求转达的具体内容认真做好笔录；对方讲完后，应重读一遍，以验证自己的记录正确无误，以免误事。

◇ 要及时传达

代接电话时，我们应先弄清楚对方是“谁”“找谁”这两个问题。对方不愿讲第一个问题，不必勉强。对方要找的人不在，可据实相告，再询问对方“有什么事情？”若是二者先后次序颠倒了，就会令对方生疑。

告知对方“请稍等”后，我们应尽可能地迅速处理传达事宜，以节约双方的时间。

46

接到打错的电话应该怎么做？

在工作场合上，当接到打错的电话时，职场人士应跟接听一般的电话相同，要有礼貌。

◇ 至少要说声“对不起”

相信每个人都有打错电话或接错电话的经验，当自己打错电话而对方只是生硬地说了一声“你打错了”就挂断电话时，即便是自己的错，我们也会有不愉快的情绪产生。

接听电话的人一拿起话筒，当知道是打错的电话时，立即以很不悦的语气说“你打错了”便咔嚓一声就挂断，对方想道歉的机会都没有了，直接造成双方的情绪值下降。

日本有些公司在教导员工接电话时，已经做到如果知道打错电话的人想打去的地方，还会告诉对方其电话号码的地步。像这样的心理准备及教导，不仅是针对打错电话，连电话应对的礼节也可因此更上一层楼。

◇ 接电话的人要有宽容心

仔细想想，我们接到打错的电话不用付电话费，更何况又是善意的错误，所以在态度上多些宽容又有何妨呢？

换个角度考虑，对单位而言，有时候一个打错的电话也许更具正面效果，一个良好的应对，极可能变成推销自己单位的免费广告。

如果某个单位平均一天之中接到一次打错的电话，只要应对得体，那么一年之中就可以给 300 多个人留下良好印象，长年累月，就无法衡量这家单位会得到多少好处了。相反地，如果一直给错打电话一方留下负面印象，那么也有可能会给单位造成损失。

47

发送工作信息应该遵守哪些礼仪？

手机短信已成为职场人士互相传递信息和进行交流的一种重要方式，被广泛应用于人与人之间的信息交流。发送信息要注意以下几方面。

◇ 发送时机适当，不忘署名

如果在与他人沟通时恰逢节日，如春节或客户的特殊日子，你可以适时发送一条祝福的信息，这不失为让对方加深印象的好办法。

在与不很熟悉的人交往时，对方对你的手机号码比较陌生，因此一定要在信息的后面署上自己的姓名，让对方知道是谁给他发的信息。

◇ 内容健康，频率适当

一定不要给他人发送一些格调不高的笑话、俏皮话，那样会引起他人的反感。要选择与他人有关的内容，编发简短的祝福或问候语。

不要频繁发送信息，会给对方带来不必要的麻烦，干扰对方的正常生活，引起对方的不快，发挥不了和谐沟通的作用。

◇ 不要群发

每个人都有被重视、被尊重的需要，应当直接署名收信人的称呼。

48

发电子邮件有哪些礼仪要求？

尽管电子邮件在形式上比较自由，是一种方便快捷的媒介，但是不能以草率的态度使用它。使用电子邮件同样是需要注意礼仪的。

◇ 要有一个明确的主题

电子邮件的标题很重要，要一目了然，尤其是第一次与客户接触，最好在标题中注明自己的姓名，让对方在打开邮件前就有一个印象，便于快速地了解邮件的内容。

◇ 内容简捷，语句流畅通顺

第一次给对方发送电子邮件，可以比电话沟通多一些内容，但不要长篇大论。要简洁紧凑，尽量写短句，不要重复。语言不要求精彩，但要语句流畅通顺，尤其注意不要有错别字。

◇ 格式规范，内容严谨

正式沟通中的电子邮件要按照规范的信函格式来写，不可随意涂改。要多使用敬语，避免使用网络缩写文字。署名要真实，不可使用网名。在电子邮件里尽量避免讲笑话和俏皮话。

◇ 提前通知收件人

尽量在发邮件前得到对方的允许，或者至少让他知道有邮件过来，确认你的邮件对他有价值。收件人对于一篇无意义的不速之“件”的态度，通常是作为垃圾邮件处理一删了之。

◇ 不要发送私人或者机密邮件

即使你选择“永久删除”，许多软件和网络服务仍然可以访问硬盘上备份的信息。在你发送以前，仔细考虑如果别人看到这封信会发生什么情况。工作时间不宜发送私人邮件，或者冒着泄露对方机密的风险发送机密邮件。

◇ 小心使用附件功能和抄送功能

附件越大，下载时间越长，占用收件人电脑空间就越多。有些附件可能毫无必要，也许收件人已经有了。邮寄那些冗长的附件，只会浪费时间，给他人造成不便。

你也许会把自己的邮件像备忘录一样抄送给其他同事或朋友。不要滥用抄送功能，否则收件人会以处理垃圾邮件的方式一删了之。

◇ 经常浏览收件箱

不管对方是否经常接收电子邮件，你仍要每天注意及时查看有无回复邮件，并尽量在第一时间与对方进行深入交流。

不能过分依赖电子邮件。电子邮件是一种很好的沟通和交流方式，但它只是沟通过程中的一个辅助性交流工具，不可把它作为唯一的一种方式，也不能借电子邮件逃避一些直接交流。

第六章

青年人与同事相处的礼仪

49

如何理解“学会欣赏自己的同事”？

美国著名的心理学家威廉·詹姆斯说：“人性最高层的需求就是渴望别人欣赏。”人都有一种强烈的愿望——被人欣赏。欣赏就是发现价值或提高价值，我们每个人总是在寻找那些能发现和提高我们价值的人。

◇ 欣赏的力量

竞争和利益使得职场中的人际关系显得尤为微妙。工作中，除了领导的赏识外，与同事之间的关系也很重要。同事之间彼此欣赏，将会有助于提高我们的职场竞争力。

一位成功的保险公司经理在谈到成功的秘诀时说，很重要的一条是：欣赏我们的代理人。

欣赏能给人以信心，能让对方充满自信地面对生活。爱情之所以有巨大的魔力，就是因为两个人互相欣赏对方，欣赏对方的优点，甚至欣赏对方的缺点。

欣赏能使对方感到满足，使对方充满能量，使对方有一种要做得更好的心理。如果一个员工想得到领导的欣赏，他肯定会尽力表现得更好，如果员工之间相互欣赏的话，合作起来就会减少摩擦，增进默契，使工作效率得到提高。

◇ 欣赏他人的技巧

①尽量欣赏他人不被众人所知的优点。如果一个业绩很好的寿险推销员和你见面，你表示欣赏他的推销能力，除了让他一笑以外，不会产生什么特别的感觉，而如果你表示欣赏他的风度和气质，他会非常高兴。

②欣赏不能无中生有。对方根本没有的优点，而你却大加赞赏，他也许会认为你是个善于说假话、奉承拍马的人。

③单独对待每个人，能让人有种被欣赏的感觉。当你到同事家做客，同事向你介绍了他的孩子后，你不是点头微笑而是走过去同他握手并问好，他会马上对你产生好感。

◇ 抛弃挑剔的目光，真诚地欣赏他人

在生活中，许多职场人士会用挑剔的眼光批评他人，不善于用欣赏的目光去欣赏他人。其实，只要我们诚心实意地去欣赏他人，就自然会发现别人身上的优点，例如：

他“五音不全”，可他哼的小调却充满了快乐的精神。

她长得不算好看，可真挚的微笑却使她显得妩媚动人。

她虽已年近半百，可她童心未泯。

他思维不够敏捷，可他从不算计别人。

为什么我们看不到这一切，而只在他人身上吹毛求疵，寻找缺陷呢？“吹毛求疵”这一癖好不但会使周围的人疏远你，也会使你的感觉变得很糟。它鼓励你去考虑每件事和某个人的不当之处——你不喜欢的地方。“吹毛求疵”只能使自己站在生活的阴暗面，成为一个不受人们欢迎的人。

爱听赞美之词是人类的天性，如果在人际交往中我们善于夸奖他人的长处，那么人与人相处的愉快程度将会增加。善于赞美别人是为人处世的妙方。

50

如何与同事创造和谐的交流方式？

同事之间进行工作交流，有的职场人士总是口若悬河，滔滔不绝。其实，让交谈能顺利进行，还有一种无声的语言艺术——以听助说。在恰当的时间、恰当的话题，成为谈话中以听为主的听众，给发话者以呼应，或赞成，助其深入；或反对，引起思考，也能表现出你的说话水平。

有的人在工作交流中，不给他人插话的机会，或者是没有给他人留下足够的时间表达自己的意见。工作交流不是演讲，不是个人表演的独角戏，而是双方交流的活动。在交流中，只以自己为中心，好像他人都不存在似的，长久下去，看起来场面很热烈，实际上，因为缺少其他人的参与，呈现出外热内冷的局面。

这里有性格方面的原因，有的人天性就爱在他人面前表现自己；也有不善于运用谈话技巧方面的原因，不管出于哪种原因，都是一种不良的表现。切记，沟通是谈话最重要的目的，只有双向交流，才可能使谈话场面热烈，气氛和谐。

在同事之间进行交流工作时，怎样创造和谐的方式呢？一定要做到以下几点。

◇ 避免把自己的观点强加给他人

当今社会，是个多元化的社会，人们的人生观、价值观千差万别。对同一事物的看法，不同的人有着不同的看法，我们能说服自己，未必能说服他人。在工作交流中，难免会有激烈争论的时候，但要记住：只要对方不是根本性的错误，若只是不同的话，可以保留自己的意见，避免把自己的观点强加给对方。

◇ 努力扩大双方的共识

一般来说，人总是喜欢与有共识的人谈话。我们经常可以听到不愿和他人讲话的借口：“没有共同语言。”应该说，大家出于某种原因，突然聚集在一起，谈起话来，共同语言会更少，这是情理之中的事。但是，可以在原则的范围内，尽量扩大与其他人的共识。虽然有时只是附和而已，也可以收到类似善意谎言的良好效果。

◇ 交流的语气要平和

每个人都渴望得到别人的尊重。这是与人交流不可忽视的一个重要原则。同事间交流的语气除了要表现出平等谦恭、尊重对方以外，还要表现出意恳情真的热情。白居易说“动人心者莫先于情”，唯有炽热的感情，才会使“快者掀髯，愤者扼腕，悲者掩泣，羡者色飞”。与人交流，倘若你自身就对所谈的内容缺乏热情，语气显得冷漠，无动于衷，你又怎能感染对方，激起对方心灵的共振呢？只有以心换心，以真情换真情，交流才会是有效的交流。

51

如何建立一支团结一致的团队？

一个团队就是一个整体，有松散的，如一盘散沙；也有团结有序、互相理解包容的。后者就是正面的团队文化。一个团结的团队能够体现基本的价值观和正确的价值导向，共荣辱，有凝聚力。

一个单位的上下能不能团结一致，能不能同心协力向目标努力，是企事业单位成功与失败的关键。

因此，具有团队合作精神也是职场人士的重要责任。

职场人士如果是老员工，须摒弃对新员工的偏见。单位引进新人，就等于给企业注入一股新鲜血液。年轻人有活力，有进取心，敢想敢干，可以有力推动企业的发展。

作为老员工，对新员工给予正确的引导，那么，新员工可以少走弯路，快速成长，这对企业的发展大有帮助。

职场人士如果是新员工，不妨主动一些，多向老员工学习和请教。工作中以大局为重，以团队利益为出发点，处处维护团队的利益，这样个人就会渐渐融入这个团队。当自己成长为团队中的优秀员工时，也一定会体察到团队给个人带来的乐趣与利益。

52

—

如何恰如其分地赞美他人？

社会心理学家认为：受人赞美，被人尊重，能使人感到生活的动力和自身的价值。赞美能使人感受到人际间的理解和温馨，能有效地增进赞美者与被赞美者之间的交流，进而增进双方的友谊。

所以，青年人面对同事不要让赞美之口难开，该赞美同事的时候应该大胆地说出来，你会因此获得同事之间更多的友谊和更好的人际关系。

青年人赞美同事时要注意如下几点。

◇ 赞美的态度要自然真诚

赞美的话要好好说，用心说，在交往中要更多地关注别人，用自我的观察力和创造性，说出那些能深入对方心灵的表扬。

假如一位女同事相貌平凡，你却偏偏告诉她："你真是太美了。"人家马上就能明白你在讲违心的话。但是假如你能着眼于她的服饰、谈吐和举止，发掘出她在这些方面的特别之处并由衷地赞美她，她肯定会非常高兴地接受。

虽然每个人都爱听赞美的语言，但是并不是所有的赞美对方都愿意接受。可以博得对方好感的只有那些真实、发自内心的赞美。反之，如果无根无据、虚情假意地赞美别人，只会让人觉得你是一个浮夸、不切实际的人。

◇ 赞美的语言要亲切真挚

假如你在赞美同事的时候，面无表情，或者一脸讪笑，或是阴阳怪气，对方会觉得你是在嘲讽他，并且是虚情假意、别有用心的。这样的话，赞美就变味了。

◇ 有特点的赞美，要比一般的赞美更可贵

对于任何一个人来说，最见成效的赞美，往往并不是称赞他很明显的优点，而是应该发现蕴涵在他身上的，既难能可贵又未引起他人注意的长处。这种赞美是发掘对方智慧与力量的崭新领域，将有助于他进一步发挥自己的长处，顺利开展工作。

◇ 多赞美小人物

最需要赞美的通常不是那些频创佳绩、蒸蒸日上的同事，而是因怀才不遇而感到自卑的或者正身处逆境中的同事。这些人一般很难听到赞美的话，如果能够得到真诚的赞美，他们的自尊心和自信心都将倍增，也会因此而精神大振，激发大展宏图的壮志。

“我觉得你总是能很好地利用时间，就连三五分钟你都从不浪费。我就做不到这一点。”像这样赞扬对方最为倾心、最关注、最得意而别人又往往不以为然的事情，是最能获得对方好感的。

赞美绝对不是越多越好。因为赞美别人终究不是交际应酬的最终目的，它只不过是交际中的一种手段。赞美之辞是不能滥用的，讲究点到为止，然后就要在和谐友好的气氛中迅速转入正题，以追求交际最终的成功。

53

赞美要讲究哪些方式方法？

在职场，赞美和恭维别人，是自己通向成功的垫脚石，是和领导、同事和睦相处的润滑剂。得体的赞美、恰如其分的夸奖，会为你赢得许多机会。赞美别人要做到不露声色，让别人在不知不觉中陶醉在你的赞美声中，是赞美的最高境界。真诚的赞扬如同职场中的和风细雨、令人愉快的催化剂，散发着难以想象的动力。

任何人都不会拒绝他人善意的赞美声。在职场，赞美也是一种情感投资，会给你的事业带来转机。赞美的措辞要合适，方法要得当，切忌假话大话空话，更忌讳热情过度。

赞美他人也需讲究方法，若在赞美别人时，不掌握一定的技巧，不审时度势，即便是真诚的赞美，也不会达到预想的结局。赞美的方法很多，现在就常用的几种方法分述一下。

◇ 直言夸奖法

夸奖是赞美的同义词。直言表白自己对他人的羡慕，这是平常用得最多的方法。老朋友见面说："啊！你今天气色真好啊！"年轻的妻子边帮丈夫结领带边说："你今天看上去特别精神！"一句平常的体贴话，一句出自内心的由衷赞美，会让人一天精神愉悦，信心倍增。

◇ 肯定赞美法

人人都有渴望赞美的心理需求，在一些特定的场合上更是如此，例如，在报上发表了文章，成功地完成了论文，苦心钻研多年的项目通过了鉴定等，都希望得到别人的肯定。这时，不失时机给予真诚的赞美会使被赞美者特别愉悦。

◇ 反向赞美法

指责与挑剔，每个人都难以接受。把指责变成赞美，看来是难以想象的，能真正做到更是不易。但世界著名企业家洛克菲勒做到了。洛克菲勒是位很具吸引力的企业家，许多有才能的人团结在他周围。一次，公司职员艾德华·贝佛处置工作失当，在南非做错一宗买卖，损失了100万美元。洛克菲勒知道后没有指责贝佛，何况事情已经发生了，指责又有何用？他于是找了些可以称赞的事，恭贺贝佛幸而保全了他所投金额的60%。贝佛感动万分，从此更努力地为公司效力。

◇ 意外赞美法

出乎意料的赞美，会令人惊喜。因为赞美的内容出乎对方意料，会大大引起对方的好感。卡耐基在《人性的弱点》中写了一个他曾经历过的事。一天，他去邮局寄挂号信，服务人员的服务态度很不好，表现得很不耐烦。当卡耐基把信件递给他称重时，说："真希望我也有你这样美丽的头发。"闻听此言，服务人员惊讶地看了看卡耐基，接着脸上露出微笑，服务变得热情多了。

◇ 目标赞美法

在赞美别人时，为他树立一个目标，往往能让他坚定信念，为这一目标而奋斗。足球教练文斯·伦巴第是一位富有传奇色彩的人物。在训练队伍时，他发现一个叫杰里·克雷默的小伙子思维敏捷，球路较多。他非常看好这个小伙子。一天，他轻轻地拍一拍杰里·克雷默的肩膀说："有一天，你会成为国家足球队的最佳后卫。"克雷默后来真的成了国家足球队主力队员。他后来回忆说："伦巴第鼓励我的那句话对我的一生产生了巨大影响。"

赞美，不是低劣的单纯拍马屁、不是曲意讨好阿谀奉承，而是一种职场语言艺术。利用高超的职场语言艺术，聆听自己赞美别人的声音，铺就自己通向成功的道路，你就会有一个精彩万分的职场生涯！

54

如何避开赞美语言中的暗礁？

俗话说：“人怕赞。”这句话从另一个侧面说明了赞美的作用。很多人都把赞美作为与朋友交往的方式。

赞美人本应算好事，但若口无遮拦，犯了忌讳，好事变成坏事，这也正是“一句话把人说笑，一句话把人说跳”的原因。即使朋友之间关系很亲密，也要注意，不能一时兴起就不问“三七二十一”。

黄经理和沙经理很要好，志趣相投，嬉笑怒骂无所不说，私下里没有保留的余地，甚至对方的忌讳也是酒后茶余的谈资。在一次宴会上，黄经理有点儿喝多了，为了表达对沙经理的曲折经历和能力的敬佩，他举起酒杯说：“我提议大家共同为沙经理的成功干杯！总结沙经理的曲折历程，我得出一个结论：凡是成大事的人，必须具备三证！”

黄经理提了提嗓门说道：“第一是大学毕业证；第二是职称资格证；第三是离婚证！”

“离婚证”的话音刚落，众人哗然。

沙经理硬撑着喝下了那杯苦涩的酒。“三证”中的一证无疑是沙经理的忌讳，他不想让更多的人知道，也不想让人们议论，但黄经理与他太好、太熟、太没有界限了。

原本是赞美之中的玩笑话，但此时此刻极不合适提及。这就警示我们，在称赞与自己的关系很好的人时，如果是当着其他人的面，千万不要冒犯他的忌讳。毕竟每个人都有个人隐私，请尊重朋友的隐私，不要开那些残酷的玩笑。公式化的套语有时也会冲撞别人的忌讳。

一位青年职员到同事家去串门，见到同事的哥哥后就来了一段公式套语说："大哥你好，见到你真高兴！久闻你的大名，如雷贯耳，百闻不如一见！"

没料到对方的脸一下子红了。原来，他同事的哥哥因偷窃刚被劳教改造出来，这个青年职员根本不明情况就"久闻大名"地恭维了一番，不料却揭了对方的伤疤，险些造成一场风波。

赞美是一种走进心灵的语言艺术，抵达它的过程也有遍布暗礁的险滩。要想走上"赞美"的堤岸，就不可让赞美的语言信马由缰，而要在赞美之词中把握一种平衡，找准一种方向。然后才能步履轻松、稳健妥当靠上"赞美"之岸，迎来友谊的新景致。

55

如何面对同事的批评？

在单位里，勇于接受别人的批评是融洽同事关系很重要的一个方面。因此，如果自己因为某些过失而遭到别人批评时，应保持冷静，从大局出发，力求改正自己的错误。

单位是一个团队，团队合作要求大家有共同的目标，并为共同的目标密切合作、配合默契，在此过程中，工作难免有疏忽，导致同事的不满、批评。

一个人若被人批评，心里会不好受。若因被人批评就和对方怄气，不但会破坏了彼此间的关系，也不利于自己的成长。

一个心智成熟的人在受到别人批评之后，多少会有点不愉快，可是，能够心平气和地听取对方的批评，然后将人家善意的指责作为自己学习成长的驱策力量。这才是明智之举。

人非圣贤，孰能无过。我们在他人指责自己的失误时不能心怀不满，应平静地接受批评。不管自己是对是错，都要抱着以和为贵的心态对待。如果你没有错，那么别人的指责于你毫无损害；如果你错了，那么别人的指责会使你避免重犯错误。

56

办公室中说话有哪些注意事项？

俗话说，“一句话说得让人跳，一句话说得让人笑”，同样的目的，表达方式不同，造成的后果也大不一样。职场人士在办公室说话要注意哪些事项呢？以下四个方面要尤其重视。

◇ 不要跟在别人身后人云亦云

职场中，比较有主见、敢于说出自己想法的员工易得到领导的赏识。如果只是别人说什么你也说什么，你就很容易被忽视，职业发展就会受限。

◇ 切忌把与人交谈当成辩论比赛

在办公室里与人相处要友善，态度要和气，要让人有亲切感，即使是上级对待下级，也不宜用生硬命令的口吻。说话时，更不能用手指着对方，这样会让人觉得没有礼貌，让人不适。有时候，大家的意见不能够统一，对于那些原则性并不很强的问题，可以持保留态度。一味好辩逞强，会让同事敬而远之。久而久之，在不知不觉中你就成了不受欢迎的人。

◇ 不要在办公室里当众炫耀自己

如果自己的专业技术过硬，如果你是办公室里的红人，如果单位领导非常赏识你，这些就能够成为你炫耀的资本了吗？在职场中，应以谦虚谨慎为上。强中更有强中手。倘若你得了一笔奖金，就更不宜在办公室里炫耀了，做一个谦恭有度的人，可以令自己和周围的人都感到愉悦。

◇ 办公室里不要互诉心事

职场中总有这样一些人，他们爱表达，性子直，喜欢向别人倾诉。虽然这样的交谈能够很快拉近人与人之间的距离，使你们之间很快变得友善、亲切起来，但心理学家调查研究后发现，事实上只有1%的人能够严守秘密。所以，当你的生活出现个人危机，如失恋、婚变之类，最好还是不要在办公室里随便找人倾诉；当你的工作出现危机时，如工作上不顺利，对单位领导、同事有意见有看法，你更不应该在办公室里向人袒露胸襟。

过分的直率并不好，任何一个成熟的职场人士都是不会这样“直率”的。自己的生活或工作有了问题，应该尽量避免在工作场所里议论，不妨找几个知心朋友下班以后再好好聊。

总之，职场人士说话要分场合，有分寸、得体、不卑不亢……娴熟地使用这些语言艺术，你的职场生涯一定会更顺遂、更成功。

57

如何理解“永远不要说同事的坏话”？

与同事相处，要讲究分寸。该说的，一定要说，说得到位。不该说的，一定不说，要恰到好处，适时打住。

与同事之间产生了矛盾，适时解决，解决之后，不宜背后再针对此事议论同事，行事磊落、光明正大是一个成熟的职场人士应有的表现。

遇到同事说自己坏话的情况，如果是捏造事实、捕风捉影，我们可以采取冷处理的方式，“谣言止于智者”，流言蜚语抵不住时间的考验，结果如何，自会清明。如果同事违背了处事原则，我们可立即采取措施，务必将事实摆上桌面，对此类现象不宜采取退避态度。

“谁人背后无人说，谁人背后不说人。”这句话虽有些绝对，却也说明了一个道理，那就是，大多数人都多多少少地在背后议论过别人，只是所说的是好话还是坏话就无从考证了。不过有一点，经常在背后说别人坏话的人不会是受欢迎的人。

一个成熟的职场人士自有辨别是非的能力。在职场中，我们会遇到别人在你面前说另一个人的坏话。对此，我们须端正态度，用辩证的思维考虑问题，把握好应对的分寸，做到听之虽可，绝不传递。

58

遭遇同事“语言暴力”该怎么办？

“这个工作是你一个人完成的？想不到你居然能独立完成这个工作。”

“你真是笨得可以，告诉你这份文件要这样做的。你脑子里装的是什么？”

在职场上，我们有时会听到类似这种伤人的话，这让人感到难堪和不悦。在这种情况下，我们不宜一上来就急于反驳或与对方争执，可以采取换位思考的方式，不妨先站在对方的角度考虑他为什么要说出这样的话。然后，对于发生的“语言暴力”，我们要进行回应，表明自己的态度和立场，指出对方的问题。

总之，面对职场中的“语言暴力”，我们不宜置之不理，更不宜以暴制暴。换位思考、充分理解、表明立场、作出解答，为职业发展构建和谐的职场环境。

59

应该如何看待工作中的竞争对手？

职场中，我们难免会碰到竞争对手，如何看待工作中的竞争对手？下面分享的是面对职场竞争对手的心态和技巧。

◇ 面对职场竞争对手的心态

首先，心态放平，竞争对手不是你的敌人。其次，竞争的重点是工作能力，不能太功利。有竞争对公司和竞争双方都有好处，但职场中比的是工作能力，不是其他的，不应带入个人感情。同时，不能太功利，这会影响你做事和对工作的判断。再次，大胆跟对手相处，对事不对人。微笑着面对，工作时跟平时一样，处事大方自然，高调做事，工作对事不对人。最后，要跟自己竞争，干好自己的本职工作最重要。做好工作，展现你的能力，如果你把心思都用在与对手竞争上，会影响领导对你的判断。

◇ 面对强大竞争对手的技巧

要冷静，不能因为多了一个强有力的竞争对手就心慌意乱；冷静不单能让你调整状态思考对策，还能显出你的理智和遇事不乱的风格。

仔细观察对方的能力与个性，建议从正面的角度看，并至少持续三个月，这不但能让你充分了解他们的优势，更能了解他们是抱着怎样的心态工作，做到知己知彼。

充分了解对方的同时，也要坚定地相信自己，你的优势不是某一个人仅用一两次出色的表现就能掩盖得了的。

万一遇到对手恶意进攻或带有挑衅的言行，要尽量以委婉又不卑不亢的态度化解与对手的正面冲突，这样可以显示你的应变能力和宽容之心。

如果对方是具备职业道德的优秀职业人，你就要以同等的正面竞争迎接挑战，既要有赢的信心，也要有输的准备，职场成败是很正常的事，不必气馁，承认并能够承受别人比你强，这是一个成熟的职业人士的表现。

60

如何对待排挤你的同事？

在工作中，我们和同事相处过程当中可能有这样或那样的不愉快，同事排挤自己该怎么办呢？我们应该摆正心态，认真思考是否是同事真的在排挤自己，还是自己谨慎多疑，审视自己是否误解了同事。如果因为不了解导致的误解，要加强沟通。思考过后，如果真的被同事排挤，要冷静下来，切勿莽撞与同事硬碰硬，先看看是不是自己真的有问题，如果是自己的原因，要先进行自身排查并改正。

①自己做事太积极。只顾着自己的工作进度，忽视了同事正在忙的工作，影响了同事的工作，造成同事的困扰，因而产生误解，这个时候就要牢记“低调做人，高调做事”的法则。

②工作方法不对。自己在工作的过程中，使用的方法和同事使用的不同，因而产生分歧，同事排挤自己。这个时候可以请教领导或者自我反省工作方法，改进工作方法提高工作效率。

③工作态度不端正。可能是自己对工作消极懈怠，而同事积极向上，看不惯自己的工作作风，因此产生误解，这个时候我们要改变自身工作态度，积极向上地为工作做贡献。

④在领导面前说话不得当。在领导面前，不光是说实话，还要考虑同事的处境，遇到问题不能把责任推给别人，要积极承担，没有人喜欢推脱

责任的人。

⑤自己做事太张扬。年轻，但不能气盛。有时候人气血旺，容易不把别人放在眼里，要审视自己是否有这类毛病，有则改之，无则加勉。

如因以上原因，同事排挤自己，我们应先积极地改变自己，再适时地与同事进行沟通，及早解决问题。

自己进入单位以后，同事并不了解自己，或者不认可自己的工作方法，因此对自己产生了主观偏见。这个时候需要加强和同事的沟通，让同事深入认识自己，才能够摒弃偏见。

我们在和同事相处过程中，可能会因价值观不同而产生不愉快。每个人都有自己的生活背景和文化底蕴，处理事务方法和标准不同，如果是因为价值观不同的话，需要审视是否自己做得不得当，如果自己行得正、坐得直，同事的偏见和排挤可以不予理会。

61

批评他人要遵循哪些原则？

无论什么人，无论自己处于什么地位，在批评他人时，都要从事实与实际情况出发，因人而异。同时，在批评时要遵循适度原则，不能过火，也不能进行不痒不痛的批评。

◇ 唯实原则

中国有句古训，叫作“闻过则喜”，然而并不是每个人都能愉快地接受别人的批评。例如上司批评下属，要使下属达到心悦诚服，没有“以权压人”“以势压人”之感，必须努力坚持唯实原则，具体地讲，唯实原则即实事求是、公正民主。

进行批评，态度和方法都很重要，但最基本的还是事实准确与否，有无出入，该不该某人负责。如果事先调查不够，事实真相与得到的情况有差异，被批评者就难以接受；如果有人提供了情况，打了“小报告”，领导者以此为据，大加批评，那就更加难以服人了。所以，上司批评和否定下属，必须以事实为依据，不能随心所欲，更不能以感情代替原则。

◇ 唯事原则

正确的批评应该是对事不对人，不能对对方进行人身攻击、情绪发泄。

批评的目的是解决问题，只要错误得到了改正，问题得到了解决，批评就是成功的。因此，批评者必须首先弄清事情的来龙去脉，据此同被批评者一起分析问题的成败得失，做到以理服人。

◇ 因人而异原则

批评是针对人的工作，须因人而异。那种企图用单一的模式生套现实的做法，只能到处碰壁。因人而异，批评者就必须考虑被批评对象的各种具体情况。如职业情况、年龄情况、知识与阅历、心理特征等。批评他人时可以针对不同状况，综合运用各种语言艺术，以达到批评目的。

◇ 适度原则

为人处事须有一个“度”，度是一个哲学范畴，它指一个事物保持自己质的数量界限。在实际生活中，人们习惯于称度为“分寸”，也就是说，为人处事要适当、适度，要讲究分寸，过与不及都是应当避免的。

在批评的过程中，适度原则主要从质和量和两个方面来把握。

从质的方面来说，如果是上下级的关系，那么批评大都要本着“团结——批评——团结”的原则进行，在运用语言的过程中有一个质的差别问题。

质的把握，即丁是丁，卯是卯，不能混同；量的限制，则指该一说一、该二说二，必须区别对待。而所谓度，也就是将质的把握和量的限制有机统一起来。在这种统一中，批评的效果应力求达到最佳状态。

从量的方面来说，同是犯错误，轻重可能不同，批评的语言也应相机而变。倘若等量齐观，“一视同仁”，就会引出一些不必要的错误。该轻则轻，不能揪着辫子不放；该重则重，切莫姑息迁就。此外，男女性别不同，心理有异，因而在批评他人时还要作适当考虑，做到有理、有节。

62

如何给批评的语言涂上一点蜜汁？

成功学家主张，追求成功不要依靠激烈争斗的手段，但这并不是说，处世要哼哼哈哈，和稀泥，抹光墙，一团和气。恰恰相反，不提倡争斗，并非连基本的批评也排除了。“金无足赤，人无完人”。我们自己有缺点，别人一样也有缺点和过错。而这种缺点和过错，在别人的善意批评之下会更容易改正，所以，这是促使对方进步的最好方式。

在通常情况下，人都有自知之明，当发现自己的错误后，会对缺点和过失的性质、危害、根源等进行一番反思。然而，有道是：“当局者迷，旁观者清。”自己反思得再深刻，也不如“旁观者”看得透彻。

因此，当你发现他人的缺点和过失时，应当及时地予以指正和批评，这完全是有必要的，也是你品质正直的反映。有人说，赞美如同阳光，批评如同雨露，在进行人际沟通与合作时，二者缺一不可，此言极有道理。

但批评绝不是人身攻击，不是揭对方的短，不是借此将对方整垮，而是真心诚意地帮助对方成长进步。否则，批评会演化为相互攻击、相互算计，成为明争暗斗的导火索。所以，一个成熟的职场人士，在批评对方的时候，绝不能伤害对方的自尊心，而是要在维护对方自尊心的基础上，通过巧妙的方法引导和帮助他们认识到自身的缺点和所犯错误的性质、危害、根源，并帮助他们找到克服的正确方法，让对方惩前毖后，更加正确地行事，从而也使自己的人际关系更加和谐，使自己和对方的合作更加愉快。要达到此目的，在批评他人时，就不能不注意坚持一定的原则，采用别出心裁的方式方法。

一般来讲，采用如下的批评方法，会使对方更易于接受，取得意想不到的效果。

◇ 夹心面包批评法

夹心面包批评法就是将批评夹在肯定和赞扬之中，像夹心面包一样。先肯定和赞扬对方的优点和取得的成绩，待对方防卫心理松弛下来后再开始批评，最后还要友善地予以鼓励，这样的批评方式易于被人接受而不致引起反感。

◇ 含蓄暗示批评法

为了保护对方的自尊心和“面子”，可以不直接批评他的错误和缺点，而是通过“曲线救国”的方式，使对方心知肚明。

交际专家指出：“指责他人之过，需要稍做保留。最好采用委婉暗示的譬喻，使对方自然地领悟，切忌露骨。”这句话，说的正是“暗示”的积极作用。

◇ 滚雪球式批评法

滚雪球式批评法就是刚开始只批评对方一些不痛不痒的枝节问题，使其高度戒备的情绪松弛下来，然后循序渐进，逐渐涉及问题的要害之处。这就如同滚雪球一样越滚越大。此法适合于劝导纠正那些明知自己犯了错误，但不准备承认错误的人。

◇ 幽默批评法

幽默批评法指通过灵活巧妙的语言形式，寓教于乐，让对方在忍俊不禁中认识自己的错误和缺点，受到启发和教益。有一则宣传戒烟的公益广告，上面完全没提到吸烟害处，相反的却列举了吸烟的四大好处：一省布料，因为吸烟易患肺痨，导致驼背、身体萎缩，所以做衣服就不用那么多布料；二可防贼，抽烟的人常患气管炎，通宵咳嗽不止，贼以为主人未睡，便不敢行窃；三可防蚊，浓烈的烟雾熏得蚊子受不了，只得远远地避开；四永葆青春，不等年老便可去世。这里说的吸烟的四大好处，实际上是吸烟的害处，却显得很幽默，让人们从笑声中悟出其真正要说明的道理，即吸烟危害健康。

当然，对于不同的人，批评要因人而异，或以一种方法为主，或几种方法配合使用，运用之妙，完全存于批评者的心中。

成功地批评他人，就如同药品中的“糖衣丸”一样，既要让对方乐于接受，又要达到“治病救人”之目的。批评艺术绝非用狠话训斥人那么简单。

63

如何有分寸地批评他人？

我们说，说话要把握好分寸，特别是批评别人时更要注意把握好分寸，那么，到底怎样做才算把握好分寸呢？下面介绍一些具体的方法。

◇ 注意批评的环境

每件事的成功都有天时、地利的因素，批评人也不例外，有些评语本来是公正有理的，在某些情况下可能效果不错，但万一选的时间、地点不对，效果却截然相反。如果你希望自己的批评不只是白费唇舌，就应该注意说话的时间地点，有没有第三者在场。应该牢记这一点，不要当第三者或众人之面直接批评、嘲笑、指责、埋怨、羞辱某人，这是不可原谅的残忍行为。这样做，不仅使被批评者沮丧或气恼，还会使在场的每个人都感到尴尬，担心“下次会轮到我”，从而与你在心理上产生疏远感。这无异于拆自己的台，使自己与众人形成对立。

◇ 定准批评的目标

批评他人要针对某一具体行为而发，要指定某一件事，而不要“一竿子打翻一船人”，将对方的所有行为都笼统地纳入批评目标，不要用“总是”“从来”“根本”之类的不公平字眼，使对方感到受冤枉。

◇ 不说不可能改进的事

一旦认清了所要批评的是哪一件事，下一步必须考虑你所批评的行为是否可以修正，如果不能修正，就不要说。

批评切忌揭人之短，如批评人家个子太矮、抱怨同事的先天素质很差等，都是不会有好结果的无聊的批评。

◇ 把期望讲清楚

一般情况下，人们在批评时，多半把重点放在对方“错”的地方，没有指明“对的”应该如何，因而收不到积极的效果。批评失败的人常说的一句话是“我事后才发现没有把想要说的话说出来”。

批评必须具有建设性的意义，指示改正的方向。英国 18 世纪著名评论家约瑟夫·艾迪生曾说：“真正懂得批评的人着重的是正，不是误。”

◇ 本着对对方有益的原则

职场人士要站在对方的角度考虑批评是否有益。必须使听者相信按照批评语的要求改进之后，于自身有益。

成功的批评应该是能使被批评的人感觉批评是为了自己的利益，这样可消除尽力申辩的自我防卫心理。

◇ 用“我想”“我觉得”代替“你必须”

这种语气表明你所说的话只是你个人的看法，并不见得是绝对的事实，别人比较容易入耳，甚至有兴趣了解一下你为什么会有此种看法。你只是给对方一个机会比较一下你与他的不同看法，后果可能是两人讨论交谈一番，以免使批评陷入各执一端的争吵。

◇ 不可轻视态度的作用

假如你心中不高兴，不可在言语态度上流露出来，特别注意言语间不可含有讥讽或敌意。避免做出握拳头、瞪眼、皱眉、把脸沉下来等发怒的表示，这会使听者怀疑你是存心找麻烦，也就不会听你所说的内容。

◇ 考虑对方的心理承受能力

批评他人必须掌握度，不能突破对方的心理承受能力。因为批评的目的是指出错在哪里，批评者只是充满善意地向他人进忠告。忠告固然应该深刻，刺激信号应到位，力争让对方认识到过失的严重而幡然悔悟，但忠告必须使人能够忍受痛苦和自责羞愧的折磨而不至于伤害自尊心。

◇ 寓批评于褒扬之中

在批评劝说中适当地褒扬对方，肯定其地位和成就，有助于克服劝说中经常遇到的情绪障碍。赞美容易满足人皆有之的自尊心，寓批评劝说于褒扬之中，无异于在苦口的“良药”之外包上了一层糖衣，从而使听者顺利地接受劝说的信息。

◇ 暗示对方是“君子”

相信对方能够自觉地“从善如流”，度之以君子之心，并表现出来，可说：“我知道可以对你直说，因为你不会计较。”这样，可以消除听者的敌意的抗拒心理。直接称赞和暗示称赞可交替使用。

把握批评的分寸，应是表现说话高水平的第一标准。多掌握其中的方法诀窍，可以练就一副好口才。

64

—

如何消除与同事的误会？

与人相处，时常出现别扭的情况。导致这种情况产生的原因很多，其中之一就是误会。

误会是指别人对你的看法或认识与你的实际情况不符，是无意之中产生的认识上的错误。

误会形成的原因有两个方面：一是自身的言行不够谨慎，言谈行事有欠周到、细致，使他人不能准确地领会你的意图；二是对方主观臆测。由于每个人不同的经历、学识、价值观、气质、心境等因素的影响，对同一件事、同一句话，不同的人会有不同的理解。误会给我们带来痛苦、烦恼、难堪，甚至会产生预料不及的隔阂。所以，你一旦发现自己陷入误会的圈子后，必须及时采取有效的方式予以解除，使自己与同事能尽快地轻松、舒畅起来。

◇ 查清原因

双方产生误会后，一方怒气冲冲，充满怨恨和敌视；另一方满腹狐疑，委屈压抑，双方的隔阂就会越陷越深。

产生误会后职场人士一定要冷静，必须下一番功夫内查外调，搞清楚对方的误解源于何处。否则，无论你浪费多少唇舌，也不会解释清楚的，也许还会越描越黑，弄巧成拙。

◇ 当面说清楚

虽然误会的类型各种各样，但解决的最简捷、最方便的方法便是当面说清楚。大多数的人喜欢这种方法。

因此，如果有误会需要亲自向同事作出说明，千万不要找各种借口推脱。一定要战胜自己的懦弱，克服困难，想方设法地当面表明心迹。

◇ 不要放过好时机

解释缘由，消除误会，必须选择好时机，一定要考虑对方的心境、情绪等情感因素。最好选择升职、涨工资或婚宴等喜庆日子，因为这时对方心情愉快，神经放松，胸怀也就较为宽广。如果能抓住这些时机进行表白，往往能得到对方的谅解，双方重归于好。

无论如何，产生误会的情况是正常的，误会的体验是痛苦、深刻的，职场人士一定要争取主动，适时开言，消除误会。

有了误会，不要因为难以启齿或碍于情面而使解释的时间越拖越长。这样会使误会越陷越深，到最后无限制地拖延会造成令人更加苦恼的后果。所以，有了误会要迅速地解释清楚。拖的时间越长，就越被动。

65

如何坦率地承认自己的错误？

古语说得好，“人无完人，金无足赤”，任何人都有犯错误的时候，有的人自己错了，但顽强地维护自己虚伪的自尊心，拒不承认错误——这往往成为世间争端的一大根源。那么，职场人士在自己犯了错误之后怎样才能最大限度地化解他人的怨怒之气，避免不必要的争端呢？答案是，勇敢地面对事实，坦率地承认自己的错误。

如果我们知道自己错了，免不了会受责备，为何不自己先主动地认错呢？如果你真的错了，那么，就毫无余地地对自己做出指责和批评，这样，别人十之八九都会对你予以宽大谅解，从而宽恕你的错误。

> 费丁南·华伦，一位商业艺术家，他使用这个方法赢得了一位暴躁易怒的艺术品主顾的好感。下面是他在自己的回忆录中记录的一件事情：“有些艺术编辑要求他们所交下来的任务立即完成。在这种情况下，难免会发生一些小错误。我认识某一位艺术组长，总是喜欢从鸡蛋里挑骨头。我每次离开他的办公室时，总觉得倒胃口，不是因为他的批评，而是因为他攻击我的方法。一次，我交了一件匆忙完成的画稿给他，他打电话给我，要我立即到他的办公室去，说是出了问题。当我到了他的办公室后，正如我所料——麻烦来了。他满怀敌意，很高兴有了挑剔我的机会。他恶意地责备了我一大堆。这正好是我运用所学到的自我批评

的机会。因此我说：‘先生，如果你的话不错，我的失误一定不可原谅。我为你画稿这么多年，实在该知道怎么画才对。我觉得惭愧。’

“他立刻开始为我辩护起来：‘是的，你的话没有错，不过这终究不是一个严重的错误。只是……’

“我打断了他的话。我说：‘任何错误要付的代价都可能很大，叫人不舒服。’

“他开始插嘴，但我不让他插嘴。我很满意，有生之年第一次批评自己——我好高兴这样做。

“‘……我应该更小心一点才好’，我继续说，‘你给我的工作很多，照理应该使你满意，因此，我打算重新再来。’

“‘……不！不！’他反对起来，‘我不想那样麻烦你。’他开始赞扬我的作品，告诉我只要稍微改动一点就行了，又说，一点小错不会多花公司多少钱，毕竟，这只是小节——不值得担心。

“我急切地批评自己，使他怒气全消了。结果，他还邀我同进午餐，分手之前，他开给我一张支票，又交代我另一件工作。”

能承认自己错误的人，会真正地得到他人的谅解和宽恕，并给人谦恭有礼的良好印象。

艾柏·赫巴是曾闹得满城风雨的最具独特人格的作家之一，他那尖酸的笔触经常惹起人们强烈的不满。但是赫巴以少见的为人处世的技巧，常常化敌为友。

当一些愤怒的读者写信给他，表示对他的某些文章不以为然，结尾又痛骂他一顿时，赫巴就如此回答：回想起来，我也不尽然同意自己。我昨天写的东西，今天不见得全部满意。我很高兴你对这件事的看法。下次你来附近时，欢迎驾临，我们可以交换意见。遥祝敬意。

由此可见，一个人想要干出一定的业绩，首先必须具备宽广的胸怀。

当我们正确的时候，就要试着温和地、巧妙地使对方同意和支持我们的观点，当我们错了，就应该勇敢地承担起责任，迅速而坦率地承认自己的错误。请相信，这种技巧不但能产生惊人的效率，而且在任何情形下，比你自己百般掩饰和争辩有用得多，它能化解一场舌枪唇剑于未然，能使即将爆发的冲突烟消云散。

西方人有一句富有哲理的话："用争斗的方法，你绝不能得到满意的结果；但用让步的方法，收获会比你预期的高出许多。"

66

工作中如何避免冲突？

工作中与同事相处时，难免会发生分歧、争论和冲突，通常这些冲突是由一些无关原则、是非的问题引起的，意义不大，不值得伤了彼此之间的和气。

那么，怎样才能避免在工作中发生冲突呢？作为职场人士，你需要做到以下几点。

◇ 对同事要宽宏大量

在工作交际中，肚量直接影响到你与其他同事之间的关系是否能协调发展。人与人之间经常会产生矛盾，在工作时也不例外，这些矛盾有时并不严重，只是因为一时的误解所造成。你如果能够以宽容的态度去对待同事，就可以为你赢得友谊、缓和矛盾。

◇ 目光要看得远一些

要做到豁达大度，还要有一种看透一切的胸怀，要把一切都看成“没什么大不了的”。在慌乱时，说句“没什么大不了的”，你会沉静下来，从容自如；忧愁时，说句“没什么大不了的”，你就能得到安慰，增添一些欢乐；艰难时，说句“没什么大不了的”，你会鼓起勇气，与同事并肩作战；取得了成就时说句“没什么大不了的”，你才会自省自责，谦虚如常，只有这样放得开的人，才是豁达大度的人。

◇ 不要对只言片语耿耿于怀

对于小事和片言只语耿耿于怀的人，在事业上是干不出成就的。只有做到豁达大度，才能使人际关系变得轻松。

然而，说到“豁达大度”很简单，真正能做到的人却并不多，这就要求你在工作中，必须抑制个人的私欲，少考虑个人利益。不要在工作场所为了一己之利去争斗，甚至与他人争吵，也不能为了炫耀自己而去贬低他人。

在工作场所中，有的人批评人，总是采取“得理不让人”的态度，气势汹汹，这是于事无补的。这样不仅收不到预期的效果，可能会因此遭人忌恨。与同事相处，心存大度、目光放远，那么，职场之路会越来越顺利。

67

如何与同事言归于好？

职场中，与同事产生了隔阂，关系疏远了，当你不知如何与同事言归于好的时候，如果你遵循以下原则，可以恢复你们之间曾经的关系。

◇ 弄清吵架的原因

假如你们的争辩滑稽可笑，它很可能自然而然地过去。例如：你同事牙齿的咯咯声使你不舒服；或是你们俩在某个观点上意见不统一。这些都是小问题。比较严重的是在某项工作中同事与你的分歧过大，或者他的不配合令你真正感到伤心、失望，受到伤害。

假如你想言归于好，那么道歉与修好完全取决于你。更多的时候，不是任何人的错，或是两个人都有错，或是没人能真正搞清是谁的错。这就是需要言归于好的症结所在。

◇ 尝试去言归于好

吵架后，彼此之间会直接出现一种心境——担心。大多数人最担心的是遭到拒绝。被人拒绝的确很残酷，但还不是致命的打击。如果同事并不接受你主动示好的举动，甚至嘲笑你，那么这种情谊可能不是真挚的。

◇ 主动伸出和好的手

你一旦告别恐惧和担心，那么和同事的交谈就会更容易些。别等同事来找你，尽管他能迈出这第一步是至关重要的，但是谁先迈出第一步真的那么重要吗？如果你让争吵恶化，那么你们两个人会一起失去友谊。如果你们言归于好，你们就都是胜利者。不要等待着对方来解决问题，你自己可以先迈出第一步。时间不等人，你越快越好。

◇ 循序渐进地和好

不能假装什么事都没有发生过，需主动去尝试，用积极的态度唤起彼此的信心。“嗨，还生气呢？”“喂，有空咱聊聊。”假如你面对面地向对方提问，不妨带着真诚的微笑。

◇ 倾听彼此的心声

假如你们双方都坚信自己是正确的话，那么很难听进对方的倾诉。但是你如何弄清对方的感受呢？你可开诚布公地说：“我想听听你的意见，告诉我你是如何想的好吗？”而且当对方谈话时，不要打断他或是与其争辩，让对方感到你尊重对方，也许矛盾好解决一些。

68

在职场如何做到“得饶人处且饶人”？

俗话说：“饶人不是痴汉。”因此，当双方的争论已到剑拔弩张的时候，占理得势的一方应当有“得饶人处且饶人”的风范，切忌穷追猛打。否则，不仅不能辩赢对方，反而会扩大矛盾冲突。“饶人”讲究语言艺术，这就是要力求在无损于双方面子和尊严的情况下达成妥协。要做到这一点，语言方式和语言内容的选择是否恰当，显得格外重要。

具体说来，职场人士饶人的技巧主要有以下几种。

◇ 息干戈，妙提难题巧诫人

在双方激烈的争辩中，占理的一方如果认为说理已无法消除歧见，不妨采取一些警示性语言中止争论，将一个两难选择摆在对方面前，就能获得警心诫人、平息干戈的效果。

◇ 化窘迫，类比影射巧暗示

一般说来，争辩中占有明显优势的一方，不要把话说得过于绝对，即使责任全在对方，最好以双关影射之言，迫使对方认错道歉，从而体面地结束无益的争论。

◇ 平怨气，以柔克刚巧警心

争论中得势的一方，欲以理服人，一方面需要据理力争，同时也需要智取。其中，以柔克刚的语言常常能使对方陷入碰软钉子的境地，不失为一种结束争论的有效手段。

◇ 搭台阶，“你好我好”巧圆场

生活中，有些人比较固执己见，常为些小事同别人争论，且火药味浓烈。这时，有理的一方应有饶人的雅量，可以一面解释一面折中调和，最好使用不带刺激性的“各打五十大板”或者“你好我好”的语言，避免冲突扩大。

◇ 息怒火，诚恳解释巧劝慰

人和人之间发生争辩，不少是因为互不了解、有失沟通造成的。这时，得理的一方最好是多加解释、设法沟通或者道歉、劝慰，与对方达成谅解或共识。

◇ 治蛮横，宽以待人巧自责

争辩时常有蛮横无理者。面对这种人，若只用以恶制恶的方式，常常会两败俱伤。这时候，平息风波的较好方式，莫过于得理者勇敢地站出来，以自责的方式对抗恶人恶语，这也是以柔克刚的有效手段。

◇ 止争吵，幽他一默巧解纷

人与人相处，发生争吵在所难免，甚至夫妻那样的亲密关系，也不会例外。这时候，最好的方式是使用调侃、幽默的言语，浇灭对方的怒气，达到释疑解纷的效果。

69

如何建设性地解决职场冲突？

工作场所内发生的冲突一般包括两点——业务范围内的，关于工作关系的，但所有的冲突都包含人。因为人是问题的主体，是解决问题的关键，是人与人之间相互交谈的主体，在冲突产生过程中扮演主要角色。

并不是所有的冲突都是有害的，冲突产生的后果是消极的，还是积极的，这在很大程度上取决于你对待冲突时的态度和方法。有两条路供你选择：一条是阳光大道，也就是说你采用富有创建性的措施，将冲突引向积极结果方面；一条是独木桥，这样会将冲突引向破坏性后果，使冲突进一步升级为人们之间的互相怄气以及毫无原则的明争暗斗。显然，前者才是我们应当采取的正确选择。

建设性地解决冲突，要把握如下几个要点。

◇ 找到当事人

解决争执和冲突，面对面的交流是最好的方式。需要直接会见对方，进行交流，解决分歧。这是解决冲突的最佳途径。

◇ 控制情绪

在交谈中，尤其是在有挑战性的交谈中，要对付的最强硬的人，是自己。

如果自己的情绪受到控制，便能更好地引导谈话方向，取得积极的结果。

◇ 始终聚焦问题

这是解决冲突的关键。你的对手可能表现出破坏性的行为方式，会让你的注意力离开问题。在你们的讨论中，不管冲突的核心问题是什么，在工作问题上产生了哪些不同行为、不同方式或不同观点，关键是要把中心放在问题上，而不要放在你或倾听者的个人观点上。

◇ 积极倾听

在冲突时，你对对方问题的倾听和理解能力，对产生积极的结果是至关重要的。有时，产生分歧时，你说得越多，就会越使场面恶化；同时，另一方面，你听得越多，越有可能取得谅解，化解紧张状态。积极倾听是成功解决冲突的途径。

◇ 率真而诚恳

对冲突问题既不要和蔼过头，也不要采用中庸之道；要表现出足够的率真和诚恳，努力解决问题和分歧，以期得到正确结果。尤其需要注意的是，社交场合应避免唯唯诺诺。

◇ 寻找解决方法

如果你正在解决问题或冲突，全部重点一定是想要和对方找到解决问题的方法。只有倾向于解决问题，你才能最终取得重大改进，才能更正错误，或使事情比以前状态要好。

面临冲突时，如果能正确地走以上几条“大道”，相信冲突很快就会被解决。

第七章

青年人与上司交往的礼仪

70

与上司相处有哪些礼仪准则？

每一个职场人士都有一个直接影响他事业、健康和情绪的上司。与上司保持良好的关系，是与你富有创造性、富有成效的工作相一致的。为此，每个职场人士应该在态度和方法上把握一些基本的礼仪原则和技巧。

◇ 注意自己的仪态

无论上司如何赏识你、喜欢你，自己都不要得意忘形，都要注意自己的仪态。在上司面前不拘小节，以示与领导的亲密程度，其实是失礼。比如上司正在开会或处理其他公务，自己轻易闯进去打断会议或正在进行的工作，谈些无关紧要的话，给人留下的不会是好印象，除非是紧急公务，一般应等候或下次再来。工作时间有事找上司，应简洁明快地说明来意，不应绕了半天弯子才进入正题，更不要唠叨不已。进入上司办公室，不管上司在不在，不能随意翻阅桌上的公文、信件。

◇ 摆正自己的位置

从工作的角度看，领导就是领导，不管是比自己年龄大还是小，阅历比自己深还是浅。所以，下属要尊重领导，维护领导的尊严。遇到领导要主动打招呼，遇到自己难以决断的事要向领导请示，以争取领导的支持。

在摆正上下级关系上，有三种不良情况，职场人士应予以纠正。一是绝对服从，把现代社会条件下的领导者与被领导者的关系，搞成封建的“君臣关系”，甚至是奴役性的“猫鼠关系”。二是傲慢无礼，不尊重领导，轻视怠慢领导，不愿“任人摆布”。三是庸俗不堪，一味巴结奉承，媚上吹捧，甚至把上下级关系搞成赤裸裸的“金钱关系”。

◇ 办事风格简洁高效

时间就是生命，是职场人士最宝贵的财富。办事简洁高效，是职场人士的基本素质要求，更是为上司排忧解难最有效的方法。为上司排忧解难，这是作为下属的职责所在，否则对上司来说，下属的存在将失去实质意义。不要成为上司眼中无关紧要的人，不要成为上司工作上的累赘，更不要成为上司工作中的绊脚石。避免这三种结果的关键点就是，下属能否为上司助一臂之力，为他排忧解难。

◇ 信守诺言并做好本职工作

不可靠、没有信誉的员工是上司所不喜的，如果下属承诺的一项工作没兑现，上司就会怀疑下属是否能守信用。只有在信守承诺，并兢兢业业地做好本职工作的前提下，才能得到上司的认可，这两者相辅相成，可以看作是一个职场人士在对待上司的问题上最为重要的礼仪。

作为下属信守诺言并做好本职工作，就必须树立正确的世界观，保持一个良好的精神状态，以科学有效的工作方法，解决好自己面临的困难，有助于提高工作技能、打开工作的局面，同时也会提高在上司心目中的地位。要做好本职工作，还要富有挑战精神。有经验的职场人士很少使用“困难”“危机”“挫折”等术语，而是把困难的境况称为“挑战”，并制订出计划以切实的行动迎接挑战。

71

如何得体地与上司进行语言交流？

与上司说话，不是难在有礼，而是难在得体。那么，职场人士怎样才能得体地与上司进行语言沟通呢？主要应注意以下几点。

◇ 不媚不俗，不卑不亢

与上司相处首先要做到有礼貌、谦逊，但是，不要采取“低三下四”的态度。绝大多数有见识的上司，对那种一味奉承、随声附和的人，是不会予以重视的。在保持独立人格的前提下，下属应采取不卑不亢的态度。在必要的场合，下属也不必害怕表示自己的不同观点，只要下属是从工作出发，摆事实、讲道理，上司一般是会予以考虑的。

◇ 主动和上司打招呼、交谈

作为下属，积极主动地与上司交谈，能够渐渐地消除彼此间可能存在的隔阂，并使得自己与上司关系相处得正常、融洽。当然，这与“巴结”上司不能相提并论，因为工作上的讨论及打招呼是不可缺少的，这不但能祛除对上司的恐惧感，而且也能使自己的人际关系圆满，工作顺利。

◇ 选择适当的时机与上司交谈

上司一天要考虑的问题很多，下属应当根据自己的问题重要与否，选择适当时机与上司对话。假如下属是为个人琐事，就不要在他正埋头处理事务时去打扰他。如果自己不知上司何时有空，不妨先给他写张纸条，写上问题的要点，然后请求与他交谈，或写上自己要求面谈的时间、地点，请他先约定，这样，上司便可以安排时间了。

◇ 对交谈内容事先要做好充分准备

在谈话时，要尽量将自己所要说话的内容，简明、扼要地向上司汇报。如果有些问题是需要请示的，自己心中应有两个以上的方案，而且能向上司分析各方案的利弊，这样有利于上司做决断。为此，事先应当周密准备，弄清每个细节，随时可以回答。

◇ 尽量适应上司的语言习惯

应该了解上司的性格、爱好、语言习惯，如有些人性格爽快、干脆，有些人沉默寡言；有些人爱说一些俏皮话等等，适应上司，才能把话说到他的心里。

如果上司同意下属的某一方案，下属应尽快将方案细节整理成书面材料再呈给他，以免日后有变，造成不必要的麻烦。

72

接受上司的指示应该如何做？

和上司之间的关系如何取决于工作表现与情况沟通。工作表现平庸而又不善于沟通，就会很难和上司建立起良好的关系。所以，职场人士在日常工作中能够正确地接受上司的指示、命令，是与上司建立起良好的人际关系，获得上司信任的基本条件。

◇ 精神饱满，爽快利落

当自己被上司叫来接受指令时，爽快而精神饱满地回答“是！”是非常重要的。这一点说起来容易，做起来难，很少有人能真正地做到这一点。

即使自己正忙着工作，在上司叫自己时，下属也要迅速站起来回答：“是！”这样一来，上司会觉得下属工作很积极，非常爽快利落，从而对下属产生放心感和信任感。

如果上司对下属没有这种放心感和信任感，而是觉得把工作给下属很不放心，那对下属的前途极为不利。因为对下属没有信任感也就不会器重、提拔下属。

◇ 把指示和命令听完，不要轻易打断

上司在交代工作时已经事先想好了交代的顺序，因此，如果下属在上

司交代过程中突然打断上司，提出自己的疑问，就很容易使上司忘记自己说到哪儿了。这时，上司不仅会感到尴尬，还会很生气。所以，在接受指示或命令时要先把上司的话听完，然后再提出疑问或提出自己的看法。

◇ 清楚地表示自己已经明白指令内容

上司会从下属的表情、动作来判断下属是否清楚、明白了上司的意图。所以，在上司交代工作时，下属可以用点头的动作来表示自己已经清楚、明白了工作的内容。而当下属不点头时，上司也就会知道下属这个地方还不理解，需要重新说明一下。

◇ 如果无法接受，要恰当地说明原因

也许下属经常会遇到自己正忙着一份工作，而上司又吩咐另外一份工作的情况。下属正在忙着的工作需要在规定期限内完成，如果下属接了另一份工作，原来的工作就无法在规定时期内完成了，这时对上司的指示或命令就不一定能够接受了。这种情况下，下属需要将原因解释清楚，以免产生误会。

◇ 别忘了委婉地阐述自己的意见

如果下属对上司的指示或命令有自己的看法或有更好的办法时，坦率地阐述自己的意见很重要。但要注意说话的技巧。要委婉地提出自己的意见，如："经理，您的想法我能理解，但我认为这样做也许会好一点。"

职场人士对上司的指示能够说出自己独到的意见，这在某种程度上是工作能力的证明。如果是有的放矢的意见，上司应该会很高兴，也能够接受下属的建议。当然，能说出自己具体的建议和根据是最好的。

73

如何获得上司的信任？

职场人士要想在工作中获得晋升机会，就必须努力获得上司对自己的信任。可以采取以下方法。

◇ 接受任务要马上就办

作为下属，在接受领导布置的任务时，若拖拖拉拉，迟迟未果，领导就会怀疑下属的工作能力和办事效率。假若在接受任务时感到困难很大，一般情况下应首先向领导陈述不利因素，事先让领导了解工作难度，以便及时采取相应对策，如果上司猜忌多疑，则不能按常规办法去做。

在接受猜忌多疑的上司给下属布置的任务时，要记住：不要当面叫困难，更不能当面拒绝，无论下属理由如何充分，都不能那样做。上司给下属布置任务后，下属要乐意接受，并立即投入工作。即使下属深知困难很大，也要先把任务接受下来，待在实施过程中，一边尽力工作，一边陈述困难。这样，上司就会觉得下属是在真心实意为他分忧，即使是下属的任务完成得不好，上司也不会为难下属，因为他知道下属已经尽力了。

◇ 让上司相信自己的才干

一般来说，上司都不太喜欢平庸无能的部下。所以，让自己的上司知道下属的工作能力、真才实学就显得非常重要。仅有心地善良、态度认真、唯命是从等“特长”是不会受到上司器重的，必须有“真本事”才行。我们在工作中，对于上司交给的任务，不仅要一丝不苟地对待，更要干脆果断地圆满完成。如果自己被上司认定是工作不紧不慢、萎靡不振、爱发牢骚或只会说恭维话的人，那么自己作为这位上司的部下，很难有发展的机会。“事实胜于雄辩”，只有下属干出真实的成绩，才会受到上司的器重。

善于领会上司的意图也非常重要。善于领会上司的意图，表明自己是一个精明果断的部下，更易引起上司的好感。如果一件事情需要上司反复交代，直到最后明确说出他的意图时下属才“茅塞顿开”，那么这个下属给上司的印象就不太妙了。

作为下属向上司汇报工作时，应该力求简洁明了，避免拖泥带水。其实，上司在听取下属的汇报时，同时也在考察下属的工作能力和工作作风。

◇ 在上司面前要信守诺言

人与人相处最忌言而无信。与上司交往时，许诺的事情一定要想方设法办到，没有把握的事情宁可不说。切不可答应了上司事情，转身又置于脑后。否则，上司就会怀疑下属说话的可靠性，这个下属从此将要被置于上司的不信任目光之下。

74

怎样才能得到上司的赏识？

上司是否知道下属在干什么工作？并对下属有较高的评价呢？大多数职场人士都认为，只要自己表现好，工作好，迟早会传到上司耳中。可惜情况不是这样，可能下属工作相当出色，而上司根本不知道。因此，职场人士不仅要做得好，也要能说得好，这样才能得到上司的赏识。

◇ 把荣耀留给上司

把荣耀留给上司，是得到上司赏识的最有效方法。在其他公共场合指出上司的优点，凡事让他知道；有了成绩不忘告诉同事和更高的领导，这也有上司的一份功劳；开会有上司在场时，一定不要临时搬弄新资料，应事先将资料告诉上司，由他自己提出来；不要把计划书全盘托出，要保留上司发表意见的余地。总之，处处让上司感觉到他的尊严与重要。

◇ 向上司传递员工情况

大多数上司都希望对部下各方面情况有所了解，如某人的母亲生病住院，某人在某天过生日，等等。上司了解这些情况后适度表示关怀，可增加员工的亲近感。值得注意的是，上司所需要了解的不是下属对某人恶意攻击或揭其隐私，也不是叫下属向他打小报告。与上司谈到同事的时候，尽量谈论同事的长处，这样才有助于和同事之间建立良好的关系，也让上司看到下属为人的正派可信。

◇ 少说话，多踏实工作

一般情况下，上司多喜欢那种工作踏实、作风正派的人。如果下属把上司交代的每一件事都办得井然有序，然后再说几句上司爱听的话，比起那些只会溜须拍马却不干实事的人，上司更希望接近这样的下属。

在与上司相处时，下属要勇敢地迎着上司的目光，不要躲躲闪闪；下属可以坦率地与他交换看法，只需要做到不隐瞒不夸大就可以了；不参与议论上司的隐私，并尽己所能努力工作，争取成为其最佳的部下。做到了这些，受上司赏识的几率会大大增加。

◇ 多向上司请教

一个人不可能没有疑问。作为一个下属，适时地向上司请教，这是理所当然的，同时更易获取上司的好感。有责任感的上司，希望他的部下来询问。部下向他请教，说明他在工作中尽心尽意，而上司给予回答后，才能减少工作中的失误，对他的工作也会更加放心。相反地，如果下属假装什么事都懂，从不向上司请教，他就会怀疑："这个人是不是真正了解了呢？"进而感到忧心。

事实上，上司都喜欢为下属解答他所能解答的一切问题。如果下属经常向他请教，他便会为下属的这种行为而感到满足，认定下属已将他看作可靠的上司，并会觉得有一个这样敬慕自己的部下是件值得高兴的事。要向上司请教的问题，不能是一些过于零碎的小事或工作中最基本的常识问题，否则，上司会怀疑自己的工作能力。提问题时应尽量附上自己的意见，让上司觉得下属已经思考过并试图解决它。

◇ 有上司在场切勿逞强显能

下属在和上司在一起的工作场合中，如果自己不是工作的主导者、对话的主体，切勿逞强显能。譬如，上司在会议上讨论工作计划时，下属要尽量将材料收集整理好，把计划原本交给他，让计划从他口中说出，即使说得不完整或不全面，在没有他发出让下属补充的“信息”时，下属不要喧宾夺主，大发一通“高见”。俗话说：“谦恭能博上司悦。”上司大都喜欢谦恭之人，而喜欢下属恃才傲物、爱顶撞、不服管的上司却少有。猜忌多疑的上司尤其如此。

◇ 不要打听上司的隐私

工作中，职场人士宜只谈论工作，上司、同事间的私事应避免谈论。这是职场人士须做到的职场基本礼节之一。不打听上司的隐私，这是作为一个下属对上司的尊重。

75

如何努力避免与化解上司的误解？

职场人士在工作中遭受上司的误解往往难以避免，面对误解，我们需要做的应该是好好想一想它产生的原因，以及如何才能避免误解。

◇ 误解和偏见产生的原因

在工作中，作为下属和上司的看法会不尽一致。上司习惯于从他的立场和观点出发，难免会发生一些让人意想不到的误会，甚至让人摸不着头脑。遭人误解时，无论干什么都会觉得困难重重，因此，与上司交往，必须学会如何应对误会。误会的产生，主要有下列几种原因。

一是言辞不足。有些人可能口才不太好，在表达信息或者说明某些事情时，常常会在言辞上有所欠缺，说了一大通之后，只有自己明白，而上司仍然一头雾水。这样的人缺乏“让别人明白”的意识，容易招来对方的误解。

二是自以为是。有些人因为头脑聪明，事情能处理得恰到好处，因此，办事时经常我行我素，自以为是。即使面对从来都没有做过的新工作时，也不主动向上司请示，而是自作主张。这么一来，难免会让上司误解，即使任务最终完成，也难以受到上司的肯定。

三是过分小心。有些人天生顾虑太多，做事小心翼翼，从不发表意见。

他们的存在感比较薄弱，容易成为上司误会的对象。这样的人缺乏积极表达自己意见的魄力，总希望对方不必听太多说明就能明白自己的想法。这类人的含蓄并不是美德，自己需要好好反省。

四是缺乏体贴。有的时候，纵然是一句玩笑，也可能造成他人的误解。即使是一句安慰、感激的话，如果对方的接受方式不同，也可能变成误解。因此，和上司说话之前，要考虑到上司的状况以及他的接受态度，以免引起不必要的误解。

五是外观印象不好。虽然“以貌取人”不可取，但不可否认，第一印象在人际交往中很重要。人们往往把亲眼所见的形象作为评判个人的标准，这个印象可能成为造成误解的原因。假如下属在出席会议时衣冠不整，言谈举止不拘小节，就会给上司留下不好的印象，并且会造成一定程度的误解。

◇ 如何消除误解与偏见

有些时候，虽然自己行得正，坐得端，但由于某些原因，上司对自己产生了误会，日久天长就会形成一定的偏见，这将对下属的工作、个人的发展不利，一定程度上将会影响到单位的全盘工作。因此，当误会发生后，要尽快消除误会。

那么，误解如何消除呢？职场人士需要做到以下几点。

一是心地坦然。有道是：“平生不做亏心事，半夜敲门心不惊。”发生误会后，不妨坦然处之。如果感到自己受了莫大冤屈而气急败坏地四处辩白，不但得不到同情，反而有可能让人家看笑话。

二是气量宽宏。对于错怪自己的人，不要怀有怨恨。应该看到，在多数情况下，误会的双方可能早已有某种隔阂，只是平时下属没有注意这种隔阂。误解发生后，需要下属做一些“修补”工作。反之，如果意气用事，以其人之道还治其人之身，很可能导致双方关系进一步恶化。

三是分析原因。让自己头脑冷静，客观地分析误会产生的根源。如果责任在自己，不妨“有则改之”。如果不是，那也不必着急，“时间是澄清误会的明镜”。时间会让一切都真相大白的。

四是对症下药。作为下属可以试着与对自己产生误会的上司平心静气地谈一谈，也可以转托其他人做解释。实际上，有些误会很容易消除，只要事实摆出来，误会就会烟消云散。

人的情绪应当为理智所控制，否则就很难成为生活的强者。职场人士不要让上司的误解和偏见挫伤积极性，在误会、偏见面前表现出消极、退却的情绪，应积极地去面对问题、解决问题，职场之路才会越来越顺利。

76

如何面对上司的批评？

我们在工作中，由于各种各样的原因，不可避免地会出现一些失误。当工作出现失误时，接下来一般会面临上司的批评，这时，作为下属唯一应该采取的方法是诚恳地接受批评。

有的下属在受到上司批评时喜欢辩解，这不是明智之举，因为不论何种原因，下属的失误是客观存在的。这时辩解不仅于事无补，反而会伤害上司的自尊，使下属与上司的关系变僵。即使下属有充分的理由，也不要辩解，只要低头说“对不起”，表示歉意。这样，上司才会觉得他批评得有意义，而下属的谦虚与诚恳也将给上司留下深刻的印象，增加上司的好感。

对于上司的批评，不要觉得丢脸、难堪。要认识到批评的积极作用，它可以使我们及时认清自身的缺点，减少工作上的失误。事实上，有经验的上司，对于犯了较大过失的部下往往不会给予严厉的批评，因为下属自己正为自己的过失而懊悔；相反地，对于较小的过失，上司反而会严加责备，这是因为不想让下属重蹈覆辙。很少有人因碰到大石头而跌倒，大多数都是被小石子绊倒的。所以，责备小的过失，才能警戒部下多加注意而不再犯。

面对上司的批评，对于不同意之处，下属可以提出自己的想法，比如说：“很抱歉，我的看法与您的不尽相同。”然后再把自己的想法解释一下，这样就有利于达到开诚布公地交流、沟通感情、澄清误会和解决矛盾的目的。

人无完人，金无足赤。有时上司对下属的批评不一定完全正确，也可能与事实不符或带有成见或偏见，但这时作为下属不应直接顶撞，而应该很委婉地予以指正。

77

如何应对上司的指责？

职场人士在日常工作中，会碰到被上司指责和抱怨的事。遭上司指责抱怨，是件极不愉快的事，有时会使当事人很尴尬，尤其是在大庭广众面前受到上司指责，从提高一个人的处世修养角度讲，无论下属遇到哪种情况的上司指责，都应该从容不迫，有则改之，泰然处之。为摆脱上司指责的尴尬局面，职场人士不妨采纳心理学家提出的以下建议。

◇ 保持冷静倾听指责

被人指责总是不愉快的。面对上司指责时，下属要保持冷静，最好暂时忍耐住，并做出乐于倾听的表示。作为下属，不管是否赞同批评，都要待听完后再作分辩。因对方的一两句刺耳的话，就按捺不住，激动起来，硬碰硬，不仅解决不了问题，还易将问题搞僵，将主动变为被动。

◇ 让上司亮明指责观点

有些上司在指责别人时，往往似是而非，含糊其词，结果使人不知所云。这时，下属可向对方提出讲清问题的要求，态度要和气，搞清对方究竟指责和抱怨什么，让对方及时亮明自己的观点和看法。

◇ 作出解释消除上司的怒气

受到上司指责后，特别是在下属确实有责任时，不妨表示同意上司对自己的看法，不要计较其态度好坏。这样，指责完毕，他的气也消了一半。即使当自己确信对方的指责纯属无稽之谈时，也要对其表示赞同，或者暂时认为对方的指责是可以理解的。当然，更重要的还是要对自己的错误或行为作出诚实的解释，不要因为对方是上司而忍气吞声，也不要因为想逃避责任或处罚而狡辩抵赖，以免适得其反。

◇ 平静地给恶意中伤自己的上司以回击

现实生活中，大多数上司指责下属并不是出于恶意。但是，确有极少数人为了其个人目的而对下属进行恶意中伤。职场人士对于这样的寻衅挑战者，应该坚定地表示自己的态度，不能迁就忍耐，更不能宽容而不予回击，应注意态度，以柔克刚，不卑不亢，以事实说话。

78

如何向上司指出批评意见？

职场人士对上司有意见应该提，对上司的错误也应该批评。要注意这种提意见和批评的表达方式和时间地点，否则将会事与愿违。

在发现上司有错误、缺点时向他提出批评，这无疑是正确之举。但是，光做正确的事情还是不够的。一个人要学会在正确的地点、正确的时间，用正确的方式做正确的事情。只有符合上述条件，才能说明一个人的明智，证明他“完全正确”。

所以，在向上司提意见时，时间、地点和方式的选择十分重要。一般来说，有下列几个原则值得注意。

◇ 在非正式场合提出意见

正式场合是指在会议上、研究工作时、学术讨论会等。非正式场合的面很广，如饭桌上、汽车上、家里、马路上，等等。在非正式场合提意见，显得比较随便，因而上司不必做出反应，这样有较大的回旋余地，双方都可以采取“有则改之，无则加勉”的态度。上司认为应该接受，自然会认真对待，若难以接受则可置之不理。如果是在正式场合，上司必须对意见表示态度，或者认错，或者反击，基本上没有回旋余地，这将置上司于较难堪的境地。这样，即使不发生正面冲突，对以后双方保持融洽的感情或沟通毫无裨益。

◇ **以个人身份提出意见**

个人身份如师生、亲戚、朋友、晚辈、熟人等；上下级身份则指等级或领导身份如下属、企业经理等。以个人身份向上司提意见，能够创造一种比较亲切的气氛，为领导留下较大的回旋余地。同时，当批评者以个人身份出现时，可以消除对方的戒备心理，令其感到一种真心帮助自己的诚意，而并非带有权利争夺的意味。在没有戒备心理的融洽气氛中，意见被接受的概率也比较大。

◇ **个别提意见**

个别提意见是指两人私下交谈，而公开提意见则指有第三者或更多的外人在场的情况。在个别交谈中，上司没有丢面子、丧失尊严与权威的顾虑，比较能够心平气和地听取意见，接受批评。在人多的场合下，上司有一种维护尊严的本能，当众批评很容易触动这种本能，引起抵触情绪，甚至恼羞成怒。

◇ **在上司心情舒畅时提意见**

人在精神紧张、身体疲劳时，往往耐心大大降低，脾气暴躁，此时提意见十之八九要碰壁，这是人之常情。例如，上司正被很多不顺利的事情缠得心烦意乱、筋疲力尽时，下属又恰巧在此时提意见，他立即会觉得提意见的人趁火打劫、落井下石，故意捣乱，往往会大发其火，不但批评听不进去，而且会对批评者产生成见。在心情舒畅、一帆风顺时，上司的气量和耐心会随之增加，此时不但容易从善如流，甚至对提出意见的方式及态度也不会计较。所以，你如果选择在上司心情舒畅时进言，往往事半功倍。

◇ 在轻松的气氛下提意见

在严肃的气氛下提意见，实际上和在正式场合提意见所产生的效果是一样的，容易令人产生戒备心理及反感心理，而轻松的气氛可以解除这些障碍，使批评者和被批评者的信息交流在一种融洽的关系中进行。

◇ 以间接的方式提意见

以间接的方法表达意见有很多形式，如借古喻今、以物喻人，等等。以间接的方式，批评者可以不直接针对所议事，而是用比喻、暗示等方法达到批评的目的，这样做可以给予被批评者一个回旋余地，如果他愿意接受批评当然好，若他不愿意接受批评，只要表示不解其意便可。

在一般情况下，以间接方式批评可以避免正面冲突，往往会产生意外的效果。

79

如何根据对象向上司汇报工作？

汇报，一般是指向特定的对象报告工作。对于职场人士而言，它的确切含义是，将工作中的有关资讯进行认真的分析、研究、综合、归纳、概括和总结，然后根据实际的需要和有关的规定，就此向有关的单位、部门及其负责人进行专门报告。

汇报工作要区分具体对象。面对不同的对象，应采取不同的方式、方法进行汇报。

◇ 按上下级关系区分汇报通报对象

以上下级关系区分，汇报可以分为下属向上司的汇报和上司向下属的通报。汇报工作，首先是下情上达，让上司更好地、全盘地了解下级的工作进展和情况，同时上情下达，上司所做的工作，上司的责任和义务履行得如何，是不是恪尽职守，是不是达到标准化要求，也需要让下级去了解。

①下属向上司汇报。在找不到有关分管负责人或其不负责任的情况下，才可以向上一级或其他的负责人汇报。只有涉及综合性的问题，才适合向主持全面工作的负责人直接进行汇报。

②上司向下属通报。一般多见于正式会议上总结工作或通报情况。在进行通报时，关键是要真实地反映情况，不要糊弄、欺骗、走过场。只有

这样，上司才能真正赢得下属的体谅与支持。

◇ 以人数多寡区分汇报和通报对象

以人数的多寡来区分，汇报又可以分为单独汇报与集体汇报。

①单独汇报。一名汇报者向一名汇报对象的汇报。它可以直抒胸臆。

②集体汇报。在汇报者与汇报对象单方或双方的人数不止一人的情况下所进行的汇报。它容易集思广益，群策群力，更为全面地反映问题，并引起重视。但因其兴师动众，易于影响正常工作，故只在汇报重要问题时才适合采用。

职场人士在日常工作中，应弄清汇报和通报关系中不同的对象，目的是据此而掌握不同方式的汇报艺术和礼仪，以使自己的日常工作活动高质、高效地进行，避免中途无谓的消耗。

80

汇报工作前应做好哪些准备？

无论是向谁、进行何种方式的汇报，都要对内容进行充分准备。这是保证汇报工作全面客观、准确有效的必要前提，也是办公礼仪应知应会的内容之一。

◇ 内容准确

在日常工作中，职场人士无论以何种具体形式进行工作汇报，首先都必须努力充实汇报的具体内容，使其准确、全面。

准备汇报，最重要的是要实事求是。汇报工作，既不能是为了应付差事，走走过场，也不宜弄虚作假，欺上瞒下，评功摆好，沽名钓誉。像个别人那样“坐在家里定盘子，关起门来想点子，走到下面找例子，回到机关写稿子”，不仅做不好工作，而且汇报起来还会误导上司或有关部门，甚至由此产生一连串不良的连锁反应。

汇报工作，一定要丢“浮”去“假”。有什么汇报什么，如实地反映实际情况，不要进行粉饰和加工。对于自己的本职工作，该报喜就得报喜，该报忧就要报忧。不要为了维护个人利益或本单位、本部门的局部利益，而对汇报对象察言观色，阿谀奉承，对方爱听什么样的汇报，就一律无条件地予以满足，完全不顾实际状况如何，从而损害了整体利益、全局利益。

◇ 言之有物

准备汇报必须充分而细心，但这并不意味准备汇报就要洋洋万言、滔滔不绝，非搞长篇大论不可。汇报的内容要准备得充分，不仅反映问题要全面，介绍情况要详尽，也要求一个“精”字。

所谓汇报的内容要精，就是要使之既言之有物，少讲大话、假话、空话、废话，又要简洁、凝练，要长话短说，无话不说。总之，要去粗取精，去伪存真。不要为汇报而汇报，小题大做，虚张声势，指望以无限度地扩充汇报的“容量”的方法，来蒙混过关，掩盖自己的一事无成。这只会浪费时间。

要使汇报的内容准备得充分而精练，就要求汇报者在进行汇报前，下功夫，花力气，有的放矢地做好必要的预备工作。

①认真确定汇报的主题。若非进行综合性汇报，一般的汇报往往应当只有一个主题。也就是说，一次汇报最好只反映一个情况，只解决一个问题。不要搞面面俱到，不必贪多务得，不要求大而全。

②汇报内容要客观公正。在准备汇报的具体内容时，务必要客观、公正、确切。重点的时间、地名、人名，事件的来龙去脉、前因后果，主要的数据、例证等，都要交代得明明白白。这些关键性的问题如果含糊不清，汇报的可信程度就会降低。

③周密准备。考虑到在进行汇报时，汇报对象为了进一步了解情况，很有可能会就汇报的某些具体内容进行提问或质疑。因此在准备汇报时，汇报者应站在对方的角度来设想一下对方有可能如何“发问”，然后，事先根据这些模拟的问题，进行周密的准备。

汇报前，汇报者如已确定好了一个主题，具体的内容准备，就要围绕着它来进行。若是汇报时主题过多，齐头并进，非但难以“百发百中”，反而很可能导致目标分散，主次不分，劳而无功。

81

向上司汇报应采取哪种形式？

汇报工作的礼仪要求职场人士在汇报中，根据具体对象的不同，对汇报的方式也要有所选择。

进行汇报，在具体的方式、方法上应当有所讲究，有所选择。总的要求是，对具体情况进行具体分析。其基本的目标，是要力争把汇报做好。

汇报的基本形式有三种，即口头汇报、书面汇报和电话汇报。不同形式的汇报，往往适用于不同情况，对此不容加以混淆。

◇ 口头汇报

口头汇报，指的是汇报者当着汇报对象的面，以口头表述的形式所进行的汇报，所以它也叫口述汇报。这种形式的优点，是可以突出要点，双方相互配合，可长可短，节省时间。它的缺点，则是受到时间、地点和当事人情绪的限制，不容易全面而深入地反映情况。在一般情况下，它多用于例行的述职和面临特殊情况时的请示工作。

◇ 书面汇报

书面汇报，指的是汇报者以书面材料的形式，向汇报对象所作的汇报。书面汇报的长处，是可以全面、系统、深入、细致地反映情况，说理充分，材料周全。时效性较差，是其主要的短处。

◇ 电话汇报

电话汇报，指的是汇报者通过打电话向汇报对象所作的汇报。它的最大优势是时效性强，不会耽误工作。它的不足，主要是不易深入展开，不利于双向交流。所以它仅适用于临时就某些必须办理的、重要的事务性问题向上司进行请示或反映。汇报者进行电话汇报后，往往还有必要在适当之时再以口头汇报或书面汇报对其加以补充。

如果说口头汇报多用于事务性工作的话，书面汇报多用于政策性工作。在处理需要领导批办、有所参考或加以保存的工作时，汇报者大都须选择书面汇报形式。

82

—

汇报工作如何把握合适的时机和地点？

各级工作岗位为了下情上达、上情下通，应根据国家的有关规定，建立健全汇报制度。

根据时间来区别，汇报可以分为例行汇报与特殊汇报两种具体的类型。

例行汇报，指的是汇报者按照本单位、本部门的有关规定，定期向特定的汇报对象所作的汇报。例行汇报通常以常规工作为内容，旨在保证上下级之间经常性的相互了解，以及取得上司的指示或是求得下级的支持。

特殊汇报，指的是汇报者在遇到自己难以定夺的新情况、新问题时，打破常规，临时向汇报对象所作的汇报。它多用以应付突发性事件和疑难性问题。

◇ 汇报的时机

就汇报的时机而言，总的方针是：例行汇报必须按部就班，持之以恒，不得随意变更。特殊汇报则宜少不宜多，不到万不得已之时，不要动辄将矛盾上交，妨碍上司的正常工作。

进行汇报的具体时间，一般应事先约定。原则上它应由汇报对象来决定，汇报者则应悉听尊便。不过汇报者若可能的话，应有意识地避开节假日等非工作时间、用餐、午休等不方便时间，以及汇报对象过于忙碌时，免得既打扰对方，又影响汇报的效果。

◇ 汇报的地点

进行口头汇报，涉及汇报地点的选择。作例行汇报时，地点大都由汇报对象确定。进行特殊汇报时，往往也需要汇报者对此加以选定。

不管汇报地点系何人确定，汇报者与汇报对象都要相互方便，尽量为对方着想，并尊重对方的选择。

进行集体汇报，最好是选择专用的会议室。进行特殊汇报，可以选择会议室，也可以选择办公室。但它应当有利于汇报的顺利进行，并较少受到外界的干扰。

一般而言，汇报不宜在餐厅、走廊、电梯间、马路旁或汽车里进行。在汇报对象的家中或其养病的医院、疗养院里汇报工作，也未必合适。在这些公共场合或私人场合谈论工作事务，总会让人觉得有点不够正规。

83

汇报工作如何才能突出中心，避免遗漏？

向上司汇报工作，不能像平时说话那样，既无中心又无条理，而应根据所要汇报的内容和领导的时间安排，既简明扼要，又中心突出地把要汇报的内容有条有理地说出来，这样才便于上司领会下属的意图并给予下属明确的答复。

◇ 突出中心问题

泛泛而谈、杂乱无章的汇报显得肤浅。通常，汇报者可把自己较为熟悉的工作情况作为汇报中心，抓住工作过程和典型事例加以分析、总结。如此汇报才能充分反映自己工作的质量。

◇ 不要遗漏重点

汇报工作要讲究一定的逻辑层次，不可“眉毛胡子一把抓”，讲到哪儿算哪儿。一般来说，汇报要抓住一条线，即围绕工作的整体思路和重点工作展开，分头叙述相关工作的措施、关键环节、遇到的问题、处置结果、收到的成效等内容。

汇报的根本原则是提纲挈领。英国作家卡普林提出了“5W+H”的汇报要点。所谓“5W+H”是指：

Who……何人（人）

When……何时（时间、时期）

Where……何地（场所、位置）

What……何事（对象、理由）

Why……何因（目的、理由）

How……怎样发生的（方法、顺序）

此外，报告时要注意区别事实与自己的感觉。下属在工作时，上司并没有亲临其境，他无法辨别下属描述的是事实还是下属自己的主观感受。事实和观感是有差别的，若给上司错误的诱导，让他下达了错误的指示，这个责任应该归咎于报告者。

优秀的职场人士懂得要在了解自己工作结果的基础上把握住向上司汇报工作的重点。并且，上司的关心点才是职场人士所作报告的重点。

第八章

青年人与下属交往的礼仪

84

如何与下属相处？

作为一个管理者，如何与下属相处是一门学问，掌握好这中间的尺度，可以令工作更顺利地开展。

◇ 关心、赞美下属

每个人都是希望被赞同的，作为领导，适当地赞美下属，会让他们在短时间内充满干劲，更积极地投入工作。但不宜过多的赞美。鼓励和赞美可以增加下属的自信心，做起事来达到事半功倍的效果。

◇有效沟通

管理者与下属在工作中难免会有冲突。这个时候，管理者要利用巧妙的方式来化解矛盾。下属有自己的见解，要让他及时提出来，在沟通中推进工作。

◇日常准则

管理的标准是通过行为准则来约束的。责任与权利并重，制定行之有效的行为准则是领导的工作之一。

◇公正威严

在办公室里，除了待下属和蔼、不摆架子、保持笑容外，上司必须保持一定的形象：公正而有威严，将不同的任务委派适合的人去负责，交下任务后最好不再过问，除非见到有大问题，否则还是留待接到成果后再“评判”，这样做，表示你是尊重下属的。

既要跟下属保持良好关系，又要注意保持一定的距离，这两个方面都应把握好一定的尺度。

85

如何处理下属之间的矛盾？

处理下属之间的矛盾要以大局、以工作为重，避免掺进个人私事。处理时以公平的心态对待下属，一视同仁，不厚此薄彼。

下属之间产生矛盾，作为上司最好不要公开指出他们之间的谁是谁非，以免进一步影响两人的感情和形象，而应该讲究策略与方法，尽力消除他们内心的怨愤和隔阂。这样对工作才会更加有利。因此，自己的脑海必须时刻存在着“公平”两个字，即要对下属一视同仁，将私交搁置一旁，“厚此薄彼”不是一个理智的上司所为。

如果你的下属因公事发生龃龉，状告到你跟前，最好的方法是将两人分开召见，避免两人当面争吵，使事件更趋白热化。单独召见时，请双方平心静气地将事情始末叙述一次，但不要加任何评语，只着重淡化事件。

公说公有理，婆说婆有理，两人所讲的必然有出入，那就要由你去断定是非了。一旦分出了黑白，上司最好心中有数，不要公开指出谁是谁非，以免进一步影响两人的感情和形象。告诉双方，自己已经清楚事件的真相，一切以公司的利益为重。如果事情纯属私事，但是两人在公事上采取不合作态度，对公司利益会造成不良影响，作为上司，不能袖手旁观。可以分别对他们说：“我不清楚你们之间的恩怨，但我希望所有员工通力合作，不容有误，希望你们清楚这点。”

还有一种更为严重的情况是，下属分成了新旧两派，时有龃龉发生，这种现象直接影响到你的事业发展。大家心存芥蒂恐怕只会费时误事，又伤和气，而工作做不好，作为上司，责无旁贷。

如何才能圆满解决问题？请先了解问题所在。对于新、老员工之间的矛盾，不妨当众赞赏老员工们经验老到，亦对新人的冲劲十足表示欣赏。还有，多制造大家一起消遣、娱乐的机会，尤其是工余时间，促进双方的了解，借以拉近距离，消除敌意。以后布置任务时，应找出一位同事，给予他一定的权力和责任，不致无首无尾。

有人“犯众怒”，受到其他同事集体攻击。不单工作上不合作，有时候还会在背后窃窃私语，令工作气氛欠和谐。要改变此情况，是颇为棘手的，一则你不能偏向受攻击者，二则亦不可以对众人强施压力，否则会弄巧成拙，制造更多更大的麻烦。

比较圆满的解决方法是：分别向两方面进行了解，并且采取“非官方”态度，跟他们“谈心”，旁敲侧击地了解不满者的牢骚，同时发掘被攻击者受争议的问题所在，然后才进一步实行改善行动。

跟下属开完会后，顺道邀众人去午餐，在闲谈间表示：“每个人的工作作风不同，初期合作，容易有摩擦，但并不表示中间一定有嫌隙，凡事不要先入为主，情况必然明朗得多。”

对被攻击者，则可私下劝谕：“看来你对我们工作的程序不大清楚，如果有什么疑难，请先跟我说，拖延下去，可能影响到其他同事。”

86

如何树立威信，令下属诚服？

上司用自己的行政权力去统帅部下是“力服”；以自己的才华令部下服是“才服”；以自己高尚的品德使部下自愿跟着走是“德服”。力服只能指挥人们的行动，只有以德、以才才能征服人心。“德服为上，才服为次，力服为下。”这句格言已成为很多上司的座右铭。

凡是有建树的上司，无一不是以自己的德才在下属的心目中建立起威信。威信是一种无形的力量，它从精神上统帅部下，通过部下的行动转化为物质力量。在下属中树立威信，着重做好以下几点。

◇ 尊重下属

领导者和被领导者是社会分工的不同，政治上完全平等。人人都有自尊，上司要尊重下属，只有这样，才能调动他们的工作积极性。尊重下属具体表现在能虚心听取他们的意见；正确评价他们的业绩；热忱关心他们的生活和切身利益；以宽宏大度的胸怀谅解他们的某些过失等。

◇ 以身作则

凡是要求下属做到的事，上司首先应该做到，只有以身作则，才能要求下属。俗话说，身教胜于言教。试想一位经常迟到早退的厂长，又如何能够说服他的工人严格遵守劳动纪律。同样，一位吊儿郎当的车间主任，即使惩罚了某个消极怠工的职工，也不能使他的心里服气。

◇ 公正处事

无论是对自己的支持者还是反对者，上司处事要一视同仁，不能有亲有疏。处理事情对事不对人，务必要做到赏罚公正分明，只有对下属做到公平，上下属的关系和感情才能融洽。

◇ 言而有信

对自己的下属说出的话要负责，许了的愿一定要落实，这是一个上司应遵守的起码准则，如果信口开河，言而无信，就会在下属中丧失信誉。

作为上司，在对下属说话时要慎重，没有把握的话一定不要乱说。对于因不慎而说错的话、办错的事，要主动承认错误和承担责任，不能推诿。

87

如何消除与下属的误会？

误会是指别人对你的看法或认识与你的实际情况不符，是无意之中产生的认识上的错误。无论自己如何谨慎小心，也无论自己在单位中工作了多少年，这种情况在每个职场人士的身上都会发生。

误会形成的原因有两个方面：一是自身的言行不够谨慎，言谈行事有欠周到、细致，使他人不能准确地领会你的意图；二是对方主观臆测。由于每个人不同的经历、学识、价值观、气质、心境等因素的影响，对同一件事、同一句话，不同的人会有不同的理解。

误会给我们带来痛苦、烦恼、难堪，甚至会产生预料不及的隔阂。所以，上司一旦发现自己陷入误会的圈子后，必须调整自己，及时采取有效的方式予以解除，使自己与下属能尽快地轻松、舒畅起来。

◇ 消除委屈情绪

出现或发生误会后，上司首先要做的，就是不要为自己辩解。总认为自己正确、不被理解，心中怀有委屈情绪的人，必定不愿开口向对方作解释，这种心理障碍会妨碍彼此间的交流。

此时，上司应多替对方着想，只要自己真诚地向他表明心迹，那么误会就会很快消失的。

◇ 查清误会原因

产生误会后，一方怒气冲冲，充满怨恨和敌视；一方满腹狐疑，委屈压抑，双方的隔阂就会越陷越深。如果这时谈不拢，就会有新的误会接踵而来。

知道下属误会后，上司一定要冷静，下功夫内查外调，搞清楚对方的误解源于何处。否则，无论花费多少精力，也不会解释清楚的，搞不好还会越描越黑，弄巧成拙。

◇ 当面解释明白

虽然误会的类型各种各样，但解决的最简捷、最方便的方法是当面说清楚。大多数的人喜欢这种方法。

因此，如果有误会需要亲自向对方作出说明，上司不要找各种借口推脱，应该当面表明心迹，不轻信第三者的只言片语。

◇ 不要放过好时机

解释缘由，消除误会，要选择好时机。要考虑对方的心境、情绪等情感因素。在合适的时间、合适的地点，用诚恳的态度与对方消除误会。

◇ 请其他下属帮忙

上司与下属的误会常常是在工作中产生的，双方的误解涉及许多因素。只有个人解决可能会受到限制，有时候不能明白透彻地说清楚，这时候，上司可以请其他下属帮忙，把事情彻底地弄清楚。

当误会不便于直说，你们双方又都觉得心里不愉快，产生了生疏和隔阂时，你只需要让下属帮忙为你们提供一个畅谈的机会。在和谐、友好的气氛中，彼此间心理上的距离便会缩短，许多小误会和不快都会自然地消失。

与下属有了误会，作为上司要迅速地解释清楚。不要认为难以启齿或碍于领导情面而使解释的时间越拖越长。拖的时间越长，你就越被动。这样会使误会越陷越深，到最后无限制地拖延造成上下离心的严重后果。

◇ 用行动加以证明

有的误会如果用语言不能解释清楚，那么你就用与之相对的行动去证明误会的不实之处。

比如，有下属误解上司的工作成绩是靠别人帮忙得来的，这种事是说不清楚的，只有靠自己的努力，拿出更好的成绩来证实自己的能力。这样，误解就自然消失了。

88

如何对待与下属的意见分歧？

上司和下属产生意见分歧，在工作中并不少见。究竟谁的意见正确，最终要取决于实践检验，但是在坚持真理的基础上，上司在这类的争论中也有必要维护自己的威信。一个没有主见、经常改变看法的上司是无法得到下属尊重的。

◇ 站在主动的位置上处理不同意见

下属首先阐述了自己的意见。而自己虽然不同意他的看法，但观点并未暴露，这时对方在明处，自己在暗处，主动权在自己手里。在这种情况下，作为领导者，不宜过早端出自己的看法，而应当首先提问，先让对方将观点展开论述，举出论据，然后选择弱点追问下去。

最后可能有两种结果：一种是对方无话可说，此时没有必要下结论否定下属的看法，他在无力回答提问的同时已明白自己的意见错了；可能出现的另一种结果是，对方对答如流，论据充足，结论严谨，无懈可击。此时作为上司如果仍然有自己的看法，可以在不否定对方观点的基础上端出自己的意见，但语气要和缓，以商量口吻，例如："你的意见很好，但如果从另一个角度看问题你看如何？""我有另外一些想法，你看是否也可以考虑一下？"

总之，对于不同意见要摆出兼收并蓄、取长补短、相互切磋、求同存异的姿态。

◇ 变被动为主动处理不同意见

上司若自己首先暴露了观点，而下属不同意，提出他自己的看法，这使自己处于一个相对被动的局面。聪明的办法是以攻为守，“外线作战”，将争议的中心引向对方的观点。此时，上司可以利用自己领导者的地位，采用发问的形式。具体方法与第一种情况一样，要求对方展开自己的观点，举出论据，或让对方详细说明反对自己观点的论据，选择对方的弱点继续发问，再根据对方不断暴露出来的弱点追问下去，以这种方法，化被动为主动。

如果对方在这种发问的攻势下全线崩溃，则上司的本身观点不战自胜。如果对方防守严密，无懈可击，则上司在要求对方全面展开不同意自己看法的理由或论据后，宜采取领导者大度的姿态，适当赞扬对方善于思索的精神，但仍不要急于肯定对方的结论，以便留下回旋余地。例如说：“你的看法很有价值，值得参考。”或者，“这个问题还可以深入讨论下去。”这类回答一方面表现自己的度量，另一方面又没有断绝退路。

在经过深思熟虑和听取各家反对意见之后，如果认为有必要坚持自己的观点，仍可以坚持。不过作为领导者，应尽量避免陷入第二种情况的被动境地。在和下属讨论问题时，宜后发制人而不宜先发制人，应首先倾听下属的意见，不急于发表自己的意见，使自己时刻处于主动地位。

无论是上司还是下属，其意见分歧最终裁决都不取决于辩论的技巧，而是取决于实践的检验，实践是检验真理的唯一标准。

当自己的意见被实践证明是正确的时候，作为上司不要向下属炫耀。当自己的意见经过实践检验后，被证明是错误的，最好的办法莫过于采取明确的态度修改自己的观点，大度容人是可以得到下属尊敬的。

89

如何选择恰当的方式批评下属？

不同的下属，由于其个性心理特征不同，所接受批评的方式也不同。因此，职场人士在对下属进行批评时，要充分考虑到个性心理特征的差别，使批评方式能为他们所接受。

如果上司能够根据下属的气质和性格进行批评，有的放矢，入情入理，就会收到预期的效果。如果不是这样，就可能引发下属情绪上的抵触，甚至结下思想疙瘩。

总的来说，有以下几种批评方式可供职场人士选择。

◇ 直接式批评

这种批评一般适用于两种类型的下属：

一种类型是坦率直爽、性格开朗、心理承受能力强的人。这种人知错就改，喜欢直来直去，不喜欢拐弯抹角。对于这种下属，你明确地指出其缺点和错误之所在、性质和危害，他会容易接受。相反，过多地绕圈子，反而会使他纳闷，产生误解，甚至是反感，认为这是你不信任他的表现。

另一种类型是自我防卫心理、依赖心理和试探心理都很强的人。他们往往不肯轻易承认错误，出错后常常否认或转嫁错误给他人。对于这种人的错误，你应该给以当场、当时的批评，使其心理防线崩溃，使其在事实面前无法抵赖。你这样做，就会为正确处理与这类下属的关系奠定一个牢固的是非基础。

◇ 旁敲侧击式批评

这种批评多适用于那些头脑聪明、反应敏捷、接受能力强，而自尊心又很强的下属。

提醒、暗示、含蓄的语言，将错误和缺点稍稍点破，他们便会顺着上司的思路，找到正确的答案和改正错误的办法。

这种方式有两种表现：一种是面对下属本人，顾此而言他，弦外有音。看似在讨论别人，其实是在说他本人。这种方法的关键是必须找到相似的事物或相似的人，否则相去甚远，难以奏效。另一种是面对众人，漫无所指，点出一些只有当事人才能心领神会的事情，给其以必要的心理压力，让他知道你是碍于情面，才没有揭发他。这时，他会在内心深处自我警醒、自我矫正的。

◇ 渐进式批评

这种方式一般适用于错误较多而又自尊心强、脸皮薄、爱面子的下属。其特点是把要批评的问题分成若干层次、若干阶段来解决。通过逐步输出批评信息，有层次地进行批评，使犯有错误的下属有一个心理缓冲的余地，有一个认识提高的过程，从而一步步地走向你所期待的正确方面。

◇ 扬抑结合式批评

这种方式适用的范围比较普遍，尤其是对于那些自卑感严重，感情脆弱，失去自信心的下属来说，这种方式实现的效果较为理想。

这种方式的特点是，寓批评于表扬之中，以表扬开头，把表扬和批评结合起来进行。

对于大部分人而言，当我们听到别人对我们的长处表示赞扬之后，再听对他们的批评，心理往往要好受得多。因此，上司在批评人时，应该从正面入手。

◇ **参照式批评**

这种方式一般适用于两种下属：一种是性格内向、脾气暴躁、爱钻牛角尖或心情不愉快的下属；一种是资历浅薄、盲目自大、自我认识能力差的下属。

这种方式的特点是，在批评时，不直接涉及下属的要害问题，而是运用对比方式，通过建立参照物，来烘托出批评内容。

上司可以通过列举和分析其他人的是非，来烘托出被批评者的错误；可以通过被批评者自身以往的经历，来烘托出他现在的错误；也可以通过列举和分析哪些是错误的，来烘托出被批评者为什么是错误的。

总之，参照式批评就是要提供个人和他人比较、正面和负面比较的标准，促使被批评的下属反思并找出自己的差距。这种方式，能使下属形成联想，受到启发，从而自觉愉快地接受批评，改正错误。

大量事实证明，在上司批评那些自尊心较强而又错误较多的下属时，采取循序渐进的方法，有利于取得批评的积极效果。相反，如果上司一次性地把下属众多的缺点一股脑儿地倾泻出来，容易伤害下属的自尊心，使其产生逆反心理。

第九章

组织与参加工作会议的礼仪

90

如何筹划会议？

优良的会议筹划是完满举办会议的前提。举办会议之前工作人员要对会议进行筹划。完整的会议筹划是一个节奏分明、条理清楚、面面俱到的完美计划。只有通过精心策划和充分准备的会议才能取得预期效果。一个圆满的会议筹划要突出主题，条理清楚，又要考虑到各种细节。

真正操作好一个会议，从筹划开始，到具体操作并落实每一个细节，其过程相当辛苦和复杂多变。如果是在主办单位所在地举办会议，各方面关系熟一些，可能操作起来会比较顺利，如果是到外地举办会议，那么会议操作的难度会提高，很多因素是事先无法预料和控制的。

那么，会议筹划的前期工作都包括哪些内容呢？

首先，收集信息。会议有各种类型，不同的会议需要不同的环境，召开会议是要实现一定的目的。因此筹划会议的第一个重要步骤就是收集方方面面的信息，通过收集这些信息可以制订出旨在完成手头众多工作的计划。

其次，选择策划人。从部门工作人员到主要领导都有可能参与会议的筹划。一般情况下，常常是由主要筹办人员提出大致的设想，由办公室或相关业务部门来具体策划。但是，无论是办公室还是业务部门，最终结果，是使会议顺利完成。他们的工作效率代表着主办单位的工作水平。因此，会议的筹划者一定要选择精干而有丰富经验的人担当。

91

如何确定会议议题？

确定会议议题是会议筹划的最主要内容。召开一次会议，需要解决什么问题，这是由会议议题所决定的。因此，选好会议议题对于会议取得成效是至关重要的。

◇ “知上、知下、知己”是选好议题的基础

会议组织者要想选好会议议题，需要做到以下几个方面：

一是平时就应对本单位、本部门的情况有较全面的了解。在确定召开会议之后，就要有针对性地搜集一段时间以来各方面的事务和工作的进展情况，例如有哪些成绩、经验？出现了哪些问题？哪些问题有相当的普遍性？哪些问题亟待研究解决？这样，通过广泛、深入、细致的了解，就可以对这些问题进行排队，从中列出最需交付会议讨论的议题，供领导参考和决定。

二是在搜集、筛选议题的时候，还要熟悉上司的部署、指示、决定，把上司的精神同本单位的实际情况紧密地结合起来，选择一些比较成熟的议题交由领导审定。

三是会议组织者还应注意搜集基层的意见、建议和反映的问题，将这些意见、建议和问题作为议题汇总排队，交由上司审定。

◇ 对预选议题要进行必要的调整加工

在会议召开之前，会议组织者要对报送上的议题进行加工和调整。对议题的加工和调整主要有以下几种形式：

①撤题。对各单位、各部门报送的议题进行认真审阅，把那些不能或不必拿到本级或本次会议研究的议题撤去。这类议题包括不符合上司部门或本级领导部门政策精神的议题，以及分管领导职责范围内可以决定的问题。其中如果是涉及分管领导职责范围内十分重大的问题或十分重大的决策，必须由领导集体研究决定的，仍应作为议题提交会议讨论。

②转题与缓题。转题即把那些不属于本级领导和本部门研究的问题，转给相关的部门或领导去处理。缓题即对那些材料准备不足或情况复杂一时难以搞清楚，需要充实情况的议题，采取“暂缓”的办法，要求职能部门或有关单位进行补充后下一次再议。所报议题要有情况分析和解决问题的措施，才能提交会议研究。

③协调。当议题内容涉及诸多单位和部门时，应先协调后再开会。会前做好这项工作，可以避免会上扯皮。议题协调工作可以分三个层次进行：其一，凡准备让会议讨论的议题，一律请主办部门主动与有关部门先行协调会商，使各方意见趋于一致。未经协调的，一律不安排讨论。其二，有些问题，部门之间协调不了的，请有关领导批交有关部门负责人协调。其三，对一些比较复杂或意见分歧较大的问题，建议分管领导负责协调。协调意见基本一致的，提请办公会讨论、拍板；意见仍不一致的，由负责协调的人员提出倾向性意见，供会议领导决策时参考。

职场人士还可以从整个组织的角度出发，把握全局，把看似简单，其实关系重大的议题进一步深化。

92

如何规范程序，确保会议顺利进行？

一次会务能否取得圆满成功，在很大程度上取决于组织工作是否按照严谨的会务程序进行运作。会议，尤其是大规模、正式的会议，在会议进行前、会议进行中和会议进行后的组织、准备工作的会务程序要求，往往各有不同。

◇ 会议进行之前

会议进行之前的组织工作，大体上共有四项。

①确定会议主题。凡正式会议，皆应首先确定其主题。所谓会议主题，即召开一次会议的指导思想。会议的主题，不仅可在其具体名称上有所体现，而且往往也是确定会议的方式、内容、议程、任务、期限、人员的先决条件。

②拟发会议通知。会议通知是会议主办单位发给与会单位和个人的书面文件。其要点有六个：标题、主题、会期、出席对象、报到时间与地点以及与会要求。通常会议通知应提前下发，并保证及时送达。

③起草会议文件。会议所需要的各种文件材料，均应在会前准备完成，并在会议正式开始之前发给全体与会者人手一份。应当认真准备的会议文件，主要有开幕词、闭幕词、主题报告、大会决议等。在起草会议文件时，需要实事求是，有的放矢。

④做好会务工作。在会议时，许多具体的事务性工作，应当提前一一认真做好。要重点安排好会议工作人员，布置好与会者的接待，联系好传媒，准备好会议的场地，并且对会议举行时所需使用的各种音响、照明、投影、摄像、空调、通风等设备进行必要的调试与检查。

◇ 会议进行之中

会议进行之中的纯会务性工作，主要包括如下四项。

①人员签到。为统计到会人数，并确保会议的安全，大型的正式会议往往要对与会者进行人员签到。其具体做法有：签名签到、磁卡签到、指纹签到、画名签到等方式。有些会议不必签到，而代之以凭出席证、列席证、会议通知入场。

②例行服务。会议正式进行时，在会场内外应安排专人迎送、引导、陪同与会人员。对与会的老、弱、病、残、孕者还须重点加以照顾。此外，对于与会者的一切正当要求，应有求必应，闻过即改。

③做好记录。凡重要会议，皆应做好必要的会议记录。正规的会议记录，不仅要由专人负责，而且还须包括会议名称、出席人数、时间地点、讨论事项、发言内容、临时动议、选举表决以及记录员姓名等方面的详尽内容。

④编写简报。会期较长的会议，一般应编写会议简报，以对会议动态、过程、反响、内容进行扼要报道，并帮助有关方面掌握会议的全局。

◇ 会议进行之后

在会议结束之后，进行会后的收尾工作，一般有三项必不可少的具体工作要求。

①形成会议文件。会议，在其结束前后，一般均应形成会议决议、会议纪要等专门性的会议文件。它们既是一次会议的主要成果，又是与会者

将来贯彻、落实会议精神之所据。形成会议文件时，应当集思广益，求同存异，并且力求简明扼要。

②处理会议资料。会议有关的一切图文、声像材料，应当根据保密制度与工作需要，于会后集中进行处理。该汇总的会议资料，要认真汇总；该存档的会议资料，要一律存档；该回收的会议资料，要如数收回；该销毁的会议资料，则要仔细销毁。

③提供返程方便。在会议结束后，应为全体与会者的返程提供一切便利。在必要时，应主动为对方提供、联络交通工具，或是为其订购、确认返程的车票、船票、机票。当团队与会者或与会的年老体弱者离去时，还可安排专人为其送行。

93

参加会议应遵守哪些礼仪规范？

为了开好会议，达到预期的会议目标，参加会议的各类人员，都应遵守一定的礼仪规范。

◇ 组织者

会议组织者是会议的策划者和服务者，要对会议进行严密的组织，为会议的顺利进行提供各种服务。要使会议充分准备，严密组织，组织者需要及时掌握会议动态，需要热情周到，认真负责，耐心细致，彬彬有礼。

◇ 主持人

主持人是会议成功的关键人物。要求着装庄重得体，举止沉稳大方，神态自若，口齿清楚，步速适当。主持人的一举一动，都会成为与会者关注的焦点，要显示出一种职场人士的风度和气质。

◇ 主席团

主席团成员首先要明确自己的身份和责任，严格要求自己，以身作则，率先垂范，成为所有与会人的楷模。主席团成员出席会议要守时，决不可迟到。确实不能按时出席的必须及时请假，通知主持人或者有关工作人员。

入场要按照顺序井然入座。如果会场有掌声欢迎，主席团应鼓掌微笑致意。在会议进行中，主席团成员不得任意离开，左顾右盼，要精神专注地倾听发言人的发言。需要鼓掌时，主席团成员应当及时鼓掌，动作要适当节制，不要显得漫不经心。

◇ 发言人

发言人是会场的中心人物，对会议的质量有着首要的作用。发言人的发言要言之有的、言之有理、言之有物、言之有味，使听众能了解主旨，有所收获。发言人要尊重听众，尊重主持人，遵守会议纪律。

发言人在发言前和发言时要注重仪表和举止姿态。发言前，发言人要环顾全场，向听众致意，如有掌声，亦应鼓掌还礼。发言时，发言人要讲究语速和音量，不快不慢，不高不低；讲究节奏、语气、声调；保持感情充沛，重要的地方，要加重语气，提高音调，形成高潮。如果出现听众精神涣散时，发言人应稳定情绪，必要时应调整内容，压缩时间。报告结束时，发言人要向听众和主持人致谢。

◇ 会议嘉宾

会议嘉宾与主席团一样，在会场中占有重要位置，作为嘉宾参加会议，除了必须像主席团成员那样讲究礼仪外，还应当注意了解会议内容、程序和对本人的要求；了解会议时间、地点和有关规定。参加会议要守时、礼貌、客随主便，听从主人安排。切不可敷衍应付，甚至高傲自负。

◇ 会议代表

参加会议的代表，要遵守纪律、讲究礼仪。进入会场，会议代表要轻声轻气，动作要严谨轻缓，发言人开始和结束发言时，会议代表要鼓掌致意，重要的贵宾讲话时，会议代表可以全体起立，并报以鼓掌。发言人发言时，会议代表要认真倾听，必要时要做记录。会议代表不要交头接耳，左顾右盼。

94

参加会议应遵守哪些会议纪律？

遵守会议纪律，是对职场人士与会时的基本要求。会议纪律是为确保会议顺利进行所专门制订的条款，或是对与会者约定俗成的要求。

身在职场，职场人士总免不了参加各种类型的会议。会议是职场人士为了保证工作的顺利进行而展开的一项必不可少的活动。职场人士在会议中的礼仪形象，对职场人士个人和所在单位都会带来不同的影响。当职场人士参加单位内部会议的时候，职场人士的形象，语言和行为举止都会给领导和同事留下深刻的印象，而当职场人士参加由多个单位组织的商务会议时，职场人士的行为举止又代表着职场人士所在单位的形象，会给其他单位或者合作伙伴留下深刻的印象。所以作为各种会议的参与者，职场人士应该熟悉和掌握会议礼仪，遵守会议纪律，这是非常必要的事情。

一般而言，职场人士出席会议时，所须严守的会议纪律包括有以下几项内容。

◇ 大型会议要规范着装

在一般情况下，职场人士在出席大型的正式会议时，尤其是在主席台上就座或有可能发言、主持会议时，切勿随便穿着夹克衫、T 恤衫、无袖装、健美裤、超短裙以及短裤、拖鞋之类不甚严肃、正规的便装。穿着深色的套装、套裙或是款式保守、色彩庄重的长衫、长裙、长裤，才是适宜的。

◇ 小型会议也要谨言慎行

作为员工，通常会经常参加单位内部的工作会议，这类会议是召集本单位内部的特定人员参加，针对工作中出现的专门问题进行研究、讨论甚至做出工作决定的小型会议。在参加这种会议时，与会者多半是熟悉的同事和领导，在会议中与同事们一起讨论问题是必不可少的会议项目，要注意自己的语气和语言的准确性，把握好说话的态度和用词，尽量在会议中保持得体的气度和口吻，让自己成为会场的“礼仪代表”。

◇ 遵守会议及发言时间

出席正式会议时，不论身为主角还是配角，职场人士均应自觉地、模范地遵守时间方面的有关规定。

提倡准时到会。凡准备出席正式会议，一定要按时到会，不得无故迟到、缺席。必要时，参加会议的具体时间还须留出一定的提前量。

提倡准点开会。已正式规定了开会时间的会议，一定要在规定的时间正式开会。以任何借口延迟开会，都是对守时者的不尊重。

提倡限时发言。为了更好地从宏观上控制会议的时间，应对与会者发言的具体时间做出精确的、具体的限制，以促使其发言时少讲、精讲。

提倡到点散会。若无特殊原因，规定的会议结束时间一到，即应立即宣布散会。任意延长会议，是不适宜的。

◇ 专心致志听讲

参加会议时，职场人士应认真而专注地听取一切发言。首先，一心一意。当他人发言时，不能心不在焉，更不得公然忙于他事。其次，支持他人。当自己听取他人发言时，除适当地进行笔记外，应注视对方，并在必要时以点头、微笑或掌声表达对对方的支持之意。

◇ 保持会场秩序约束举止

在会议举行期间，职场人士应自觉地维护会场的正常秩序，确保其顺利进行。首先，各就各位。出席正式会议时，应在指定之处就座。未获许可时，不要自由择座，争座抢座；不得东游西逛，中途退场。其次，保持安静。会场的安静，是会议顺利进行的基本条件。除正常的鼓掌发言外，严禁出现任何噪声。

职场人士应遵守会议的有关规定。对有关禁止录音、录像、拍照、吸烟以及使用移动电话等会议的具体规定，应认真地遵守。

95

参会时如何约束自己的举止？

职场人士参加会议要努力约束自己的举止，一般要做到以下几点。

一是不迟到、不早退。会议开始前五分钟左右就应进入会场，不要让领导或其他同事等候你的到来。

二是会场上保持会议应有的氛围，至少不要主动添乱。有时候难免会遇到“舍不得结束”的发言者，再加上声音没有激情，语言表达平淡，稍感乏味，即便如此，也应提醒自己，不能在会场上睡觉或者干其他无关会议本身的事。

三是即使发言者的议题和你的工作没有直接关系，也不应有消极的表现。适当做一下了解，对本职工作没有坏处。

四是不能有消极的举止。比如脱鞋、随意抖动腿、躺坐在座位上、玩笔、捏矿泉水瓶等。

五是想发言先举手，等会议主持人示意后再说。发言时声音要洪亮，以保证所有与会者都能听到。人数很少的会议，特别是圆桌会议，可以坐着说。但在大的会议室，参会人员百人以上，如果坐着说，可能其他与会者会不知是谁在发言，所以应站着说。

六是对于本部门或者人数很少的会议，还应准备积极发言，做个会议的参与者，而不是只带一双耳朵。这也是领导所希望的。

七是进入会场后应把手机调成震动状态、静音状态。工作再忙，不宜在会场随意接打手机。如果有紧急的电话，应该以不影响他人的方式离开会议室，去外面接听，并迅速结束。因公非回不可的短信，可简单沟通，等会议结束再联络。

八是会场上想要拍照，应该用静音，不能发出声响，影响其他人。

九是当其他人正在开会，而你有紧急的事找在会场上的人时，不应径直往里闯。比较得体的方式，是以不影响他人的方式进入会议室，并将写好事项或要找人的字条交给有关人员。

十是会议中尽量不要离开会场。必须离开时，要轻手轻脚，以不影响发言者和其他与会者为佳。会议中途长时间离开或提前退场，应和会议组织者或自己的主管领导打招呼，说明理由，征得同意后再离开。

96

在会议中发言应遵守哪些礼仪？

◇ 基本要求

会议发言力求简短。没有特别要求的话，普通员工的发言尽可能控制在10分钟以内。

如果条件允许，为了达到最佳效果，会议发言可以借助投影仪。小型会议或重要发言时，可以给听众发书面材料，或者借用白板。

即席发言，相对比较随意，一般三至五分钟就应结束。须注意，发言讲究顺序和秩序，不能争抢发言。有外单位人员参加，特别是可能有不认识自己的人参加时，发言前还应做自我介绍。与他人有分歧时，应以理服人，态度平和。

◇ 内容要求

发言通常包括开场白、正文、结尾三部分。一次发言应是一个主题。主题选定后，选择能让人信服、大家都容易懂的内容来论证。

好的开场白能够紧紧抓住听众注意力，为发言的成功打下基础。常用的开场白有点明主题、交代背景、提出问题等。不论哪种开场白，都是为使听众了解发言主题、引入正文、引起思考。

正文就是发言主体。为了便于听众理解，发言人应注意主体各段落的上下连贯、逻辑关联、过渡自然、前后呼应。

结尾起着深化主题的作用。结尾的方法有归纳法、引文法、反问法等。归纳法是概括一次发言的中心思想，总结强调主要观点；引文法则是引用名言警句，升华主题、留下思考；反问法是以问句引发听众思考和对发言者观点的认同。另外，发言的结尾也可以用感谢、展望、鼓舞等语句自然地结束。

◇ 语言表达

发言的速度是发言的重要因素。为了营造良好的发言氛围，必须讲究发言中张弛变化的节奏，控制语速。根据情绪及内容的需要，可以在适当的地方放慢或者加快发言速度，再配合上有变化的语气语调，给听众形成一个“抑扬顿挫”的良好听觉感受。如果从头到尾都以相同的速度或同一个音调来发言，听众就很容易产生疲倦感。发言当中，语言要流畅，这就要求事先熟悉发言内容。

为了能让听众保持最佳接受效果，要注意语言表达的口语化，并注意逻辑严密，语句通顺。

会议发言人为增强语言表达上的气势，可以把发言内容长句改成短句，把倒装句改成正装句，把单音词换成双音词，把听不明白的文言词语、成语改掉或删去，交替穿插一些历史典故、名人名言之类富有哲理性和趣味性的材料。

97

如何才能在发言中准确表达思想？

发言通常是为了沟通思想，传递信息，把自己心里想的告诉对方。要使听者能够真正懂得自己的意思，发言人在发言表达过程中就必须尽量减少信息失真的现象。这就需要在遣词造句时，注意语义的准确明白，使词句如实地反映想要表达的内容。

◇ 发言中用词要准确

发言要做到表达准确清楚，首先要注意用好关键词语。关键词语集中地反映了表达的重点，认真选用贴切的词语，对于整个意思的准确体现是至关重要的。例如："中国人民选择和拥护自己的政府，中国有宗教信仰自由，中国绝无颠覆邻邦政府的意图。相反的，中国正在受着美国政府公然不讳地进行颠覆活动的害处。大家如果不信，可亲自或派人到中国去看。我们是容许不知真相的人怀疑的。中国俗语说：'百闻不如一见'，我们欢迎所有到会的各国代表到中国去参观，你们什么时候去都可以。我们没有烟幕，倒是别人要在我们之间施放烟幕。"这是周恩来总理 1955 年 4 月 19 日下午在亚非全体会议上的补充发言中的一段即席讲话。这段话中的关键词语用得极其准确，不容更换。

有时由于词句安排得不恰当，则会造成所表达的意思和想要表达的意思有出入。如某个体经营者致富不忘国家，向亚运会捐款10万元。在捐款仪式上，某领导说："××是一位个体户，能为亚运会捐款，钱不论多少，精神可嘉。"语意当然是在表扬捐款者，但"钱不论多少"一句，却使人感到言外之意是他捐的钱虽不多，但没有关系，精神是可贵的。事实上，讲话的领导显然心里清楚，10万元对于一位个体经营者来说，为数已很可观。由此可见，那位领导想要表达的意思和说出来的话是不完全一致的。这话一经说出，立即招来了听众的纷纷议论，一些个体经营者的热情受到挫伤。这说明，语句表达不准确会给工作带来损失。

◇ 发言要注意避免歧义

发言是通过声音进行的，无法像书面语表达中借助字形区分一些词语的确切含义。因此，在说话时要有意识地避免使用一些容易造成歧义、误解的词语。像"这个学期我们不再进行期 zhōng考试"，说出来就会有歧义，因为"期终"和"期中"是一组同音词。同音词是声音相同而意义完全不同的一组词。这种同音词在即席讲话中有时可能造成意义的混淆，妨碍人们顺利地进行交际。例如：食油——石油，骄气——娇气，财物——财务，漫画——漫话，抱负——报复，旷工——矿工，水利——水力，会话——绘画，等等。在讲话中需要使用这些词的时候，可以有意识地加以变换调整，如把"期终"改说"期末"，把"食油"改说"食用油"，把"骄气"改说"傲气"，把"漫画"读成"漫画儿"，等等。如果确实不好变换说法，就要对这种同音词另外略加解释，以避免产生歧义。

98

—

在会议中要临时发言该怎么办?

职场人员即席发言时，因为没有精心准备的发言稿，所以需要临场发挥。即席发言者在构思初具轮廓后，应注意观察现场和听众，捕捉那些与发言主题有关的人或情景，因地设喻，见景生情，以使发言生动形象，沟通与听众的感情。

那么，在有限的时间里，如何富有条理地做好即席发言呢？即席发言大致可分两步，即先明确讲什么，再设计怎么讲。

◇ 第一步：明确发言主旨、确定材料范围

选择一个恰当的话题并不太难，因为在一般需要即席发言的场合，如集会、参观、访问、联欢等，它们的背景、具体环境，我们预先是知道的。所以，话题的大范围是确定的，关键是能不能抓住现场气氛的特点，说出一点儿新鲜的话来。

这就需要选择一个展开话题的最佳角度。这个选择是在观察现场、体味气氛、了解他人、知己知彼的基础上确定的。切忌把别人说过的话题拿来再说，力避雷同，追求新意。要做到这一点，有效的办法是提高层次，转换角度，高屋建瓴，另辟蹊径。虽身在现场，但先要从思想上站在圈外，纵观全局，细察情势，再做决定。若先说，就要先声夺人；后讲，也要后发制人，道别人之未道，方显独到。至于是先说还是后说，要根据自己的灵感，对问题理解的程度，以及对现场的感受，分析利弊，适当把握。总之，要选择一个适当角度、最佳时机来展示自己，这样，成功的可能性要大一些。

◇ 第二步：顺应思路组织材料

从即席发言人来说，现场准备，不太可能去讲鸿篇巨论；从听众来看，由于是特殊场合，既不可能，也没有耐性去听长篇大论。即席发言要精彩、热烈，要少而精，多则五六分钟，少则两三分钟，最好不超过 5 分钟；从内容上说，一次只说一个问题，集中力量，说深说透说精彩，给人留下深刻印象。短话比长话更难讲，但它给人的印象往往更深刻。

话又说回来，确定了话题，选定了角度、时机，紧接着就是确定发言的思路，或者说线索，并在这线索的每一段上找到关键的，虽片言而居要的闪光点。这样，有线、有点，一篇简短的即席发言的骨架子就有了。如果说起来能够方寸不乱、从容发挥，使发言丰富充实，没有明显的语病，那么，这样的即席发言就算是成功的。

99

如何让发言吸引听众？

发言，应力求生动活泼，以增强临场气氛。发言者可用听众比较熟悉的特定的地点、有某种象征意义或纪念意义的实物等来设喻，把抽象的道理说得生动形象，增强发言的通俗性和说服力，使人听起来亲切动情。

发言者应讲究一些艺术手法。在内容上，以短小精悍、结构严谨为佳。冗长散杂、啰唆重复，会使人乏味。

发言，贵在有“兴”。兴有所激，乃是吸引、激励听众的重要因素。如果发言前将自己所要讲的内容先确定几层意思，并反复加以浓缩，阐述得简洁、新颖，且条理明晰，那么，即兴发言便会吸引观众。

即席发言多为小型场合，除少数庄重的会议外，一般应庄谐结合，适时口出妙语，造成轻松和谐的气氛，以使听众易于接受自己的观点。在严肃的场合，如能适当增添一点儿风趣，会比较容易沟通彼此感情，增强发言效果。

100

发言时应注意哪些肢体动作和面部表情？

◇ **肢体动作**

上场发言时，发言人应步速正常，步态自然，刚劲有力，抬头挺胸，双眼平视前方，体现出一种成竹在胸、自信自强的风度和气质。

手势在发言中往往最引人注目。发言人适当运用手势，能够增加听众的视觉效果，并增强发言的气势。

在讲台后面发言，发言人可以双手自然地放在讲台两侧。没有讲台，双手则自然垂放在身体两侧，也可以用手来操作多媒体、握住白板笔、遥控笔或是做手势。

站的位置很有讲究。发言人要站在每位听众都可看到的位置，又能便于参考自己的发言资料；有多媒体道具时，要站在能方便自己控制多媒体的位置。站时挺胸收腹，职场男士双脚可以适当分开，但最宽不宜超过肩宽；女士应双腿尽量并拢。左右不停地换脚、倚靠在讲台上，频繁地来回踱步、抖动脚，都属于不得体的站姿，发言中应避免。

发言中，发言人不要把手放在口袋内或手臂交叉。手里拿着遥控笔，避免天马行空般乱比画。不要用食指指点表示强调、站着双手抱在胸前、摆弄双手，也不要手或者拳头在空中不停挥舞。

发言人发言完毕，应向全体与会者鞠躬表示感谢，再从容地下场。低着头或者跑下场，都是不得体的仪态。

◇ 脸部表情

开口发言前，发言人应先与听众进行目光交流，环视全场，让自己的情绪稳定下来。发言过程中发言人应经常与全场听众的目光接触，特别是坐在后面和前排两侧的听众，还有对重点听众（领导、来宾等）多花点时间做目光重点交流。运用目光接触，一方面可以获得并掌握听众的注意力，建立相互的信任；另一方面，可以透过目光接触来回应听众的关注。目光接触的速度应适中，慢慢地环视，而非扫视。另外，重点交流并不是紧抓不放，让人感觉不适。

并非每位听众都会对发言者报以善意的目光。尽管如此，发言人还是不可以漠视听众的目光，这时可以一面发言，一面从听众当中找寻善意而柔和目光的人，并且无视那些冷淡的目光。此外，把自己的视线投向强烈“点头”首肯的人，对巩固信心也有效果。

发言人在发言中除了必要的看讲稿时低头外，一般不要低头，否则很容易给人以垂头丧气的感觉。

不论主题多么严肃，发言人偶尔表达出轻松的微笑，再配合目光经常有意地环视会场上的每个人，这样做既能显示自信，又能说明自己重视会场上的每一位听众。